Wissenschaftliche Weiterbildung und der EU-Rahmen für staatliche Beihilfen

AUSWIRKUNGEN AUF DEN ÖFFENTLICHEN HOCHSCHULSEKTOR IN BRANDENBURG

Das Projekt „Analyse und Rat für eine erneuerte Strategie für Hochschulbildung für Brandenburg und Empfehlungen für die Kategorisierung Wissenschaftlicher Weiterbildung“ (Analysis and advice for a renewed tertiary education strategy for Brandenburg and guidance on categorisation of scientific continuing education) wurde von der Europäischen Union aus dem Programm zur Unterstützung von Strukturreformen (REFORM/IM2020/004) finanziert. Diese Veröffentlichung wurde ebenfalls mit finanzieller Unterstützung der Europäischen Union erstellt.

Bitte zitieren Sie diese Publikation wie folgt:
OECD (2022), *Wissenschaftliche Weiterbildung und der EU-Rahmen für staatliche Beihilfen: Auswirkungen auf den öffentlichen Hochschulsektor in Brandenburg*, OECD Publishing, Paris, https://doi.org/10.1787/5d8eeb73-de.

ISBN 978-92-64-52811-6 (Print)
ISBN 978-92-64-58350-4 (PDF)
ISBN 978-92-64-47651-6 (HTML)
ISBN 978-92-64-47158-0 (epub)

Originaltitel: *Continuing Education and Training and the EU Framework on State Aid*
Übersetzung durch den Deutschen Übersetzungsdienst der OECD.

Bei Unstimmigkeiten zwischen der deutschen und der englischen Fassung der Veröffentlichung „Wissenschaftliche Weiterbildung und der EU-Rahmen für staatliche Beihilfen“ ist die englische Fassung maßgebend.

Foto(s): Deckblatt © Titelbild: Christophe Brilhault; elettaria/Shutterstock.com.

Korrigenda zu Veröffentlichungen sind verfügbar unter: www.oecd.org/about/publishing/corrigenda.htm.

Vorwort

Eine alternde Bevölkerung und ein steigender Bedarf an Kompetenzen erhöhen die Erwartungen an die Hochschulen im Hinblick auf den Ausbau ihres Weiterbildungsangebots für Erwachsene, die ihre Qualifikationen auf einem höheren Niveau erneuern oder erweitern wollen. Maßnahmen zur Weiterbildung werden daher immer wichtiger, um hochqualifizierte Arbeitskräfte in Deutschland und insbesondere im Land Brandenburg zu halten. Da die Kohleförderung in Brandenburg schrittweise eingestellt wird, versucht die Landesregierung, die Entwicklung fortschrittlicher Fertigungsverfahren zu fördern und die Kapazität für innovationsfördernde Aktivitäten zu erhöhen. Derartige Entwicklungen werden wahrscheinlich die Nachfrage auf dem Arbeitsmarkt nach höher qualifizierten Arbeitskräften erhöhen. Gleichzeitig altert die brandenburgische Erwerbsbevölkerung; es ist auch zu erwarten, dass die Menschen in Brandenburg länger am Arbeitsmarkt teilnehmen werden als in der Vergangenheit.

Die öffentlichen Hochschuleinrichtungen in Brandenburg tragen bislang jedoch nur vergleichsweise wenig dazu bei. Um ihr Angebot an wissenschaftlicher Weiterbildung zu erweitern, bräuchten diese Einrichtungen mehr Rechtssicherheit bei der Verwendung öffentlicher Mittel angesichts der politischen Vorgaben der Europäischen Union (EU) zu staatlichen Beihilfen. Die EU-Beihilfepolitik gewährleistet, dass öffentliche Subventionen (staatliche Beihilfen) von staatlichen Stellen nicht zur Verdrängung anderer Akteure (wirtschaftlicher Tätigkeiten) von den Märkten verwendet werden. Es gibt keine klaren Vorgaben auf EU-, Bundes- oder Landesebene dazu, ob Weiterbildung eine nicht-wirtschaftliche Tätigkeit darstellt und somit von den EU-Beihilfevorschriften ausgenommen ist.

Der vorliegende Bericht analysiert die Gründe für diese Rechtsunsicherheit und gibt Empfehlungen an die Landesregierung und die öffentlichen Hochschulen in Brandenburg für die Klärung des Status der wissenschaftlichen Weiterbildung als staatlich geförderte Aktivität. Darüber hinaus werden Anhaltspunkte für die Auslegung und künftige Reform des EU-Beihilferechtsrahmens in Bezug auf wissenschaftliche Weiterbildung gegeben und Impulse für das politische Handeln in anderen Bundesländern und auf Bundesebene gesetzt.

Das OECD-Projektteam beauftragte KPMG Law mit einer rechtlichen Analyse dieser Frage. KPMG Law soll in diesem Zusammenhang untersuchen, wie sich die verschiedenen Kategorien der Weiterbildung im EU-Rechtsrahmen widerspiegeln, und Empfehlungen zur Erhöhung der Rechtssicherheit erarbeiten. Darüber hinaus beauftragte das OECD-Projektteam einen deutschen Steuerexperten auf dem Gebiet des Hochschulwesens mit der Beratung im Rahmen dieser Arbeit. Der Bericht profitierte maßgeblich von den Hinweisen und Anmerkungen von Bernhard von Wendland, einem führenden Experten für Beihilferecht sowie Forschungs- und Innovationspolitik der Europäischen Kommission.

Dieser Bericht ist ein Ergebnis des Projektes "Analysis and advice for a renewed tertiary education strategy for Brandenburg and guidance on categorisation of scientific continuing education" (Analyse und Beratung für eine erneuerte Hochschulstrategie für das Land Brandenburg und Anleitung zur Kategorisierung wissenschaftlicher Weiterbildung), das aus zwei Teilprojekten bestand und von der Europäischen Union über das Strukturreform-Förderprogramm finanziert wurde. Der Antrag auf Förderung des Teilprojekts zur Kategorisierung der Weiterbildung wurde von der Fachhochschule Potsdam (FH Potsdam) auf Initiative ihrer Präsidentin, Prof. Dr. Eva Schmitt-Rodermund, im Einvernehmen mit den anderen sieben öffentlichen

Hochschulen in Brandenburg und dem Ministerium für Wissenschaft, Forschung und Kultur (MWFK) gestellt. Das Projekt wurde in enger Zusammenarbeit mit der FH Potsdam, den sieben anderen öffentlichen Hochschulen des Landes, dem MWFK und der Generaldirektion Unterstützung von Strukturreformen der Europäischen Kommission durchgeführt.

Danksagungen

Diese Publikation ist Teil des OECD-Arbeitsprogramms zur Hochschulpolitik und wurde mit finanzieller Unterstützung der Europäischen Union erstellt.

Das OECD-Projektteam dankt Thomas Pritzkow von der Generaldirektion Unterstützung von Strukturreformen (DG REFORM) der Europäischen Kommission, Rainald Wurzer von der Fachhochschule Potsdam (FH Potsdam) und Joscha Dapper sowie Dr. Marko Müller vom Ministerium für Wissenschaft, Forschung und Kultur (MWFK) des Landes Brandenburg für ihre Unterstützung. Zusammen mit dem OECD-Projektteam bildeten die Teams der GD REFORM, der FH Potsdam und des MWFK die Beratungsgruppe für das Projekt „Analysis and advice for a renewed tertiary education strategy for Brandenburg and guidance on categorisation of scientific continuing education" [Analyse und Beratung für eine erneuerte Hochschulstrategie für Brandenburg und Anleitung zur Kategorisierung wissenschaftlicher Weiterbildung], die die Richtung für das Projekt vorgab und regelmäßige Beratung und Feedback zu den Projektaktivitäten und -ergebnissen lieferte.

Ein besonderer Dank des OECD-Projektteams gilt Dr. Moritz Püstow, Dr. Jannike Ehlers und Björn Zunker, Partner bzw. Senior Associate und Associate bei der KPMG Law Rechtsanwaltsgesellschaft mbH, die einen hervorragenden ersten Entwurf dieses Berichts erarbeitet und sich die Zeit genommen haben, an zahlreichen im Rahmen des Projekts organisierten Sitzungen mit Hochschulen, der Europäischen Kommission und dem MWFK teilzunehmen und ihr juristisches Fachwissen einzubringen. Das OECD-Projektteam beauftragte KPMG Law zu untersuchen, wie sich die verschiedenen Kategorien der Weiterbildung im EU-Rechtsrahmen widerspiegeln, und Empfehlungen zur Erhöhung der Rechtssicherheit zu entwickeln.

Dank gilt auch Horst Rambau, einem deutschen Steuerberater mit Expertise auf dem Gebiet des Hochschulwesens von Rambau & Ilgart Partnerschaft mbB, und Bernhard von Wendland von der Europäischen Kommission, einem führenden Experten für Beihilferecht sowie Forschungs- und Innovationspolitik, für die Beratung des OECD-Projektteams und KPMG Law bei der Erstellung dieses Berichts. Horst Rambau entwickelte einen ersten Entwurf des Fragebogens für die Hochschulen, verfasste einen Vermerk über den rechtlichen und steuerlichen Rahmen für die Erbringung von Weiterbildungsmaßnahmen in Brandenburg und nahm an mehreren projektbegleitenden Sitzungen teil. Bernhard von Wendland vermittelte sein fundiertes Wissen über die EU-Beihilfepolitik im Bereich der Hochschulbildung in zwei Sitzungen sowie durch sein umfassendes Feedback und seine ausführlichen Kommentare zum ersten Entwurf des vorliegenden Berichts.

Ferner dankt das OECD-Projektteam den Präsidentinnen und Präsidenten sowie den Vizepräsidentinnen und Vizepräsidenten der acht öffentlichen Hochschulen – der Brandenburgischen Technischen Universität Cottbus-Senftenberg, der Europa-Universität Viadrina Frankfurt/Oder, der Filmuniversität Babelsberg Konrad Wolf, der Universität Potsdam, der Fachhochschule Brandenburg, der Hochschule für nachhaltige Entwicklung Eberswalde, der Fachhochschule Potsdam und der Technischen Fachhochschule Wildau – und ihren für die Weiterbildung zuständigen Mitarbeiterinnen und Mitarbeitern für ihre Zeit und ihre Erfahrungen, die sie während des Projektworkshops oder in Einzelgesprächen eingebracht haben.

Ein weiterer Dank des OECD-Projektteams gilt dem Bundesministerium für Bildung und Forschung und der Hochschulrektorenkonferenz, die in Einzelinterviews wertvolle Einblicke in die Weiterbildungsmaßnahmen an deutschen Hochschulen gegeben haben. Das OECD-Projektteam dankt zudem den Experten der Generaldirektion Wettbewerb der Europäischen Kommission für die Kommentierung des ersten Entwurfs dieses Berichts.

Dieser Bericht wurde vom OECD Directorate for Education and Skills unter weitgehender Verwendung des von KPMG Law entwickelten ersten Entwurfs erstellt. Margarita Kalamova war als Projektleiterin gemeinsam mit Rainald Wurzer von der FH Potsdam für die Koordination der Untersuchung verantwortlich. Thomas Weko, Senior Analyst und Team Lead, Higher Education Policy, Paulo Santiago, Head of the Policy Advice and Implementation Division im Directorate for Education and Skills und Andreas Schleicher, Direktor für Education and Skills haben diese Publikation geprüft.

Timothy Jones übersetzte die erste Fassung des Berichts aus dem Deutschen ins Englische. Roger Smyth und Cassandra Morley haben den Bericht redigiert; Cécile Bily und Marika Prince haben das Projekt administrativ unterstützt. Cassandra Morley und Rachel Linden assistierten bei der Publikation.

Inhaltsverzeichnis

Tabellen

Abbildungen

Kasten

Folgen Sie OECD-Veröffentlichungen auf:

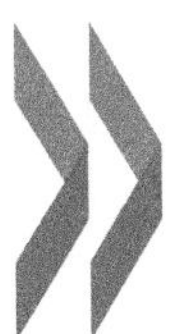

http://twitter.com/OECD_Pubs

http://www.facebook.com/OECDPublications

http://www.linkedin.com/groups/OECD-Publications-4645871

http://www.youtube.com/oecdilibrary

OECD Alerts http://www.oecd.org/oecddirect/

Überblick

Brandenburgs Wirtschaft befindet sich im Strukturwandel. Die Kohleförderung im Land läuft aus, während die Landesregierung versucht, die Entwicklung fortschrittlicher Fertigungsverfahren zu fördern und die Kapazität für innovative Tätigkeiten zu erhöhen. Gleichzeitig altert die brandenburgische Erwerbsbevölkerung; es ist auch zu erwarten, dass die Menschen in Brandenburg länger am Arbeitsmarkt teilnehmen werden als in der Vergangenheit. Insgesamt ist durch den Strukturwandel mit erheblichen technologischen und sozialen Veränderungen zu rechnen und diese Entwicklungen werden die Nachfrage auf dem Arbeitsmarkt nach höher qualifizierten Arbeitskräften voraussichtlich deutlich erhöhen.

Maßnahmen zur Weiterbildung werden daher immer wichtiger, um hochqualifizierte Arbeitskräfte im Land Brandenburg zu halten. Dies erhöht die Erwartung an die brandenburgischen Hochschulen im Hinblick auf den Ausbau ihres Weiterbildungsangebots für Erwachsene, die ihre Qualifikationen auf höherem Niveau erneuern oder erweitern wollen. Allerdings sind die öffentlichen Hochschulen bisher nur marginale Anbieter. Ein Hemmnis für die Entwicklung einer stärkeren Weiterbildungsorientierung sind Unsicherheiten über die Verwendung ihrer Ressourcen aus öffentlichen Mitteln für Weiterbildungsprogramme vor dem Hintergrund der Beihilfepolitik der Europäischen Union (EU).

Der vorliegende Bericht analysiert die Gründe für diese Rechtsunsicherheit und gibt Empfehlungen an die Landesregierung und die öffentlichen Hochschulen in Brandenburg zum Umgang mit der beihilferechtlichen Thematik. Darüber hinaus werden Anhaltspunkte für die Auslegung und künftige Reform des EU-Beihilferechtsrahmens in Bezug auf wissenschaftliche Weiterbildung gegeben.

Das Problem

Hochschulen, die erwägen, ihre Ressourcen aus öffentlichen Mitteln für die Weiterbildung zu verwenden, müssen dies im Lichte der EU-Beihilfevorschriften betrachten. Die EU-Beihilfepolitik soll sicherstellen, dass öffentliche Subventionen (staatliche Beihilfen) nicht von Unternehmen zu unlauterem Wettbewerb oder von staatlichen Akteuren zur Verdrängung von Marktteilnehmern (Wirtschaftstätigkeit) verwendet werden. Die Weiterbildung ist im Brandenburgischen Hochschulgesetz als gesetzliche Aufgabe der staatlichen Hochschulen definiert, ebenso wie die grundständige Lehre und die Forschung. Hochschulforschung und -Lehre werden als nichtwirtschaftliche Tätigkeiten eingestuft und unterliegen nicht den EU-Beihilfevorschriften. Allerdings haben weder die Europäische Kommission noch der Europäische Gerichtshof klare Vorgaben gemacht, ob die Weiterbildung als nicht-wirtschaftliche Tätigkeit angesehen werden kann und damit von den EU-Beihilfevorschriften ausgenommen ist. Derzeit werden die einzelnen Weiterbildungsprogramme von Fall zu Fall als wirtschaftlich oder nicht-wirtschaftlich beurteilt. Auch das zuständige Bundesgremium, die Kultusministerkonferenz, hat in Beihilfefragen nicht für ausreichende Klarheit gesorgt.

Die Hochschulen sind mit der Gefahr konfrontiert, nicht mit den EU-Beihilfevorschriften konform zu gehen, was dazu führen kann, dass ihre gesamte Grundfinanzierung zurückgefordert werden könnte. Dies hat zur Folge, dass die Hochschulen in Brandenburg dazu neigen, Weiterbildung nicht oder eher im Hochpreissegment anzubieten oder über assoziierte Institute zu managen.

Dieser Bericht enthält eine (vom OECD-Projektteam bei KPMG Law in Auftrag gegebene) rechtliche Analyse des EU-Beihilferechts bezogen auf wissenschaftliche Weiterbildung.

Die Analyse beginnt mit einer Untersuchung, ob und unter welchen Umständen ein Weiterbildungsprogramm als wirtschaftliche Tätigkeit angesehen werden muss. Anschließend werden die Fälle betrachtet, in denen ein Programm zwar eine wirtschaftliche Tätigkeit darstellt, aber Merkmale enthält, die zu Ausnahmen und Befreiungen von Beihilfetatbeständen führen können. Im Rahmen der Analyse haben sieben der acht öffentlichen brandenburgischen Hochschulen Angaben zu ihren aktuellen Weiterbildungsangeboten gemacht. Diese Angebote werden anhand der Kriterien und Grundsätze, die sich aus der Analyse ergeben haben, bewertet. Zuletzt wird ein Schema entwickelt, das es den Hochschulen erleichtern soll, eine systematische Analyse eines Weiterbildungsangebots im Hinblick auf das EU-Beihilferecht unter Berücksichtigung der Rechtsprechung des Europäischen Gerichtshofs und der Entscheidungen der Europäischen Kommission durchzuführen.

Zusammenfassung der Empfehlungen

Dieser Bericht enthält – auf der Grundlage der rechtlichen Analyse - Empfehlungen zur:

1. Vereinfachung der beihilferechtlichen Vorschriften in Bezug auf wissenschaftliche Weiterbildung durch die Europäische Kommission

- Die Europäische Kommission sollte aufgefordert werden, die beihilferechtlichen Vorschriften für die öffentliche Finanzierung der Weiterbildung an Hochschulen zu vereinfachen und zu präzisieren.
- Die brandenburgische Landesregierung sollte sich gemeinsam mit den anderen Bundesländern und dem Bund bei der Europäischen Kommission dafür einsetzen, dass die Bewertung der Weiterbildung als wirtschaftlich oder nicht-wirtschaftlich kodifiziert wird, und zwar nach dem Vorbild der Auftragsforschung an Hochschulen, die im Entwurf des Gemeinschaftsrahmens für Forschung und Entwicklung (FuE) kodifiziert ist.

2. Standardisierung der Einzelfallprüfung an den Hochschulen

- Die Hochschulen sollten ein standardisiertes Verfahren zur Einstufung von Weiterbildung verwenden, das sich an der Rechtsprechung des Europäischen Gerichtshofs und der Verwaltungspraxis der Europäischen Kommission orientiert und auch die Preise/Entgelte entsprechend festlegen.
- Die Hochschulen sollten ihre Entscheidungsprozesse zur Einstufung von Weiterbildungsprogrammen sowie zur Kostenkalkulation und Gebührenfestsetzung für Programme detailliert dokumentieren.

3. Entwicklung einer Richtlinie des Landes Brandenburg

- Das Ministerium für Wissenschaft, Forschung und Kultur des Landes Brandenburg (MWFK) sollte eine Richtlinie formulieren, die den Prozess der Einstufung von Weiterbildungsangeboten, die beihilferechtskonforme Ausgestaltung eines Weiterbildungsangebots und die möglichen Ausnahmen und Befreiungen vom Beihilfeverbot beschreibt.
- Das MWFK sollte diese Richtlinie der Europäischen Kommission zur Notifizierung vorlegen.

1 Einführung

Weiterbildung ist für die deutsche und insbesondere für die brandenburgische Wirtschaft von zunehmender Bedeutung. Die Alterung der Bevölkerung sowie die fortschreitende Automatisierung und andere technologische Entwicklungen führen dazu, dass sich Arbeitnehmerinnen und Arbeitnehmer in Zukunft häufig weiterbilden müssen, da sich der Qualifikationsbedarf verändert. Aufgrund der Komplexität des europäischen Rechts - insbesondere der EU-Beihilfevorschriften - sind die Landesregierung und die brandenburgischen Hochschulen jedoch unsicher über die Rechtmäßigkeit der öffentlichen Finanzierung der Weiterbildung. Dies birgt die Gefahr von Unterinvestitionen in die Weiterbildung, was wiederum Risiken für die Entwicklung von Arbeitskräften birgt. Das OECD-Projektteam hat eine Analyse der rechtlichen Rahmenbedingungen für die Finanzierung von Weiterbildung an öffentlichen Hochschulen in Auftrag gegeben, die in diesem Bericht dargestellt wird.

Der Untersuchungsrahmen

Brandenburg ist eines der 16 Länder der Bundesrepublik Deutschland und gehört zu den Ostbundesländern, den sogenannten neuen Ländern. Es umschließt vollständig das Bundesland Berlin und die Landeshauptstadt Potsdam liegt südwestlich von Berlin.

Brandenburgs Wirtschaft erlebt derzeit einen Strukturwandel, der hochqualifizierten Arbeitskräften neue Perspektiven eröffnet. Die Kohleförderung im Land läuft aus, während die Landesregierung versucht, die Entwicklung fortschrittlicher Fertigungsverfahren zu fördern und die Kapazität für innovative Tätigkeiten zu erhöhen. Diese Entwicklungen werden die Nachfrage auf dem Arbeitsmarkt nach höher qualifizierten Arbeitskräften voraussichtlich deutlich erhöhen.

Gleichzeitig gehört Brandenburgs Bevölkerung von 2,5 Millionen Menschen zu den ältesten in Deutschland und laut Schätzungen wird das Durchschnittsalter noch weiter ansteigen (Statistik Berlin-Brandenburg, 2021[1]). Eine Folge dieses demographischen Wandels ist, dass Arbeitnehmer in Brandenburg länger am Arbeitsmarkt teilnehmen werden als in der Vergangenheit und werden mit höherer Wahrscheinlichkeit mit Veränderungsprozessen am Arbeitsplatz konfrontiert sein.

Neben diesen Veränderungen stehen die Arbeitnehmer in Brandenburg – wie in ganz Deutschland und allen fortgeschrittenen Volkswirtschaften – vor erheblichen Veränderungen ihrer Arbeitsaufgaben, da neue Technologien, Automatisierung und künstliche Intelligenz die Art der Arbeit verändern. Diese digitale Transformation der Wirtschaft führt dazu, dass sich Berufsbilder und Qualifikationsprofile deutlich verändern (BMAS, 2020[2]). Die OECD schätzt, dass Deutschland zu den Ländern gehört, die am stärksten von diesen Veränderungen betroffen sind, da rund 50 % aller Arbeitsplätze einem erheblichen Grad an Automatisierung unterliegen (Nedelkoska and Quintini, 2018[3]).

Diese Entwicklungen deuten darauf hin, dass der Bedarf nach höheren Kompetenzen in den meisten Berufen – und damit auch der Bedarf an Weiterbildung – sich verändern und erhöhen wird (OECD, 2021[4]).

Die öffentlichen Hochschulen in Brandenburg tragen bislang jedoch nur vergleichsweise wenig zur Weiterbildung bei. Um ihr Angebot an wissenschaftlicher Weiterbildung zu erweitern, bräuchten diese Einrichtungen mehr Rechtssicherheit bei der Verwendung ihrer mit öffentlichen Mitteln finanzierten Ressourcen angesichts der politischen Vorgaben der Europäischen Union (EU) zu staatlichen Beihilfen. Es geht in dieser Untersuchung grundsätzlich nicht um die Forderung zusätzlicher öffentlicher Mittel. Dies ist zwar wünschenswert (Wissenschaftsrat, 2019[5]), steht aber nicht im Fokus, und ist deshalb auch nicht Bestandteil der Handlungsempfehlungen.

Die Untersuchungsziele

Dieser Bericht zielt darauf ab, wissenschaftliche Weiterbildung und weiterbildende Studiengänge unter Berücksichtigung der EU-Beihilferechtskriterien zu systematisieren und Möglichkeiten zur Nutzung von Ressourcen aus staatlichen Mitteln für Weiterbildungsprogramme zu ermitteln.

Das OECD-Projektteam hat KPMG Law mit einer rechtlichen Analyse dieser Frage beauftragt. KPMG Law soll in diesem Zusammenhang untersuchen, wie sich die verschiedenen Kategorien der Weiterbildung im EU-Rechtsrahmen widerspiegeln, und Empfehlungen zur Erhöhung der Rechtssicherheit erarbeiten. Das OECD-Projektteam beauftragte außerdem einen Steuerexperten mit Kompetenz im Bereich der Hochschulbildung und sie konnte einen Experten für Beihilferecht und Forschungs- und Innovationspolitik der Europäischen Kommission (EK) gewinnen; beide gaben für diese Arbeit wertvolle Hinweise.

Der Bericht ist ein Ergebnis des Projekts "Analysis and advice for a renewed tertiary education strategy for Brandenburg and guidance on categorisation of scientific continuing education" (Analyse und Beratung für eine erneuerte Hochschulstrategie für das Land Brandenburg und Anleitung zur Kategorisierung wissenschaftlicher Weiterbildung), das von der EU über das Strukturreform-Förderprogramm finanziert wurde. Der Antrag auf Förderung des Teilprojekts zur Kategorisierung der Weiterbildung wurde von der Fachhochschule Potsdam (FH Potsdam) auf Initiative ihrer Präsidentin, Prof. Dr. Eva Schmitt-Rodermund, im Einvernehmen mit den anderen sieben öffentlichen Hochschulen in Brandenburg und dem Ministerium für Wissenschaft, Forschung und Kultur (MWFK) gestellt. Das Projekt wurde in enger Zusammenarbeit mit der FH Potsdam, den anderen sieben öffentlichen Hochschulen des Landes, dem MWFK und der Generaldirektion Unterstützung von Strukturreformen der EK durchgeführt. Der vorliegende Bericht stellt die Ergebnisse dieser Untersuchung vor:

- Kapitel 1 beschreibt die wachsende Bedeutung der Weiterbildung für die Bewältigung des sich wandelnden Qualifikationsbedarfs der Unternehmen in Deutschland und insbesondere in Brandenburg und skizziert die Rahmenbedingungen für die Weiterbildung.
- In Kapitel 2 wird der europäische Rechtsrahmen für die Regulierung staatlicher Beihilfen dargestellt.
- Kapitel 3 analysiert die Voraussetzungen, die ein Weiterbildungsprogramm erfüllen muss, um für eine staatliche Förderung nach EU-Recht in Frage zu kommen, stellt fest, dass der Status der Weiterbildung in diesem Rechtsrahmen nicht eindeutig ist, und untersucht die Rechtsprechung, um Grundsätze zu ermitteln, die bei der Auslegung des EU-Rechts helfen.
- Kapitel 4 beschreibt die Anwendung dieses Rechtsrahmens in der Praxis an den Hochschulen in Brandenburg.
- Kapitel 5 gibt Empfehlungen an die Landesregierung und die öffentlichen Hochschulen in Brandenburg zur Klärung des Status der Weiterbildung als staatlich geförderte Tätigkeit. Darüber hinaus werden Hinweise für die Auslegung und künftige Reform des EU-Beihilferahmens gegeben und Anregungen für das politische Handeln ausgesprochen.

Weiterbildung in Deutschland

Die Nationale Weiterbildungsstrategie

Die Rahmenbedingungen in Deutschland und insbesondere in Brandenburg bedeuten, dass eine notwendige Voraussetzung für den wirtschaftlichen Erfolg darin besteht, dass die Arbeitnehmer die Möglichkeit und den Anreiz haben, ihre Qualifikationen im Laufe ihres Berufslebens kontinuierlich aufzufrischen (OECD, 2021[6]). Die Bundesregierung hat daher die Nationale Weiterbildungsstrategie (NWS) entwickelt. Die NWS fokussiert sich auf die berufliche Weiterbildung und hat zum Ziel, die berufliche Handlungsfähigkeit im Rahmen von Anpassungs- und Erhaltungsqualifizierungen zu erweitern und berufliche Aufstiege zu ermöglichen.

Die Bundesregierung strebt insbesondere an, dass Weiterbildung zu einem selbstverständlichen Teil der Erwerbsbiografie wird. Die NWS enthält mehrere Handlungsziele mit Bezug auf Weiterbildung. Dabei geht es unter anderem um folgende Schwerpunkte:

- Erhöhung der Transparenz von Weiterbildungsmöglichkeiten und –angeboten;
- Stärkung der Verantwortung der Sozialpartner;
- Stärkung der Weiterbildungsberatung für Individuen und Unternehmen und der Motivation zur Weiterbildungsteilnahme;
- Sichtbarmachung und Anerkennung erworbener Kompetenzen von Arbeitnehmerinnen und Arbeitnehmern in der beruflichen Bildung;
- Weiterentwicklung von Fortbildungsabschlüssen und Weiterbildungsangeboten;
- Qualifizierung des Personals in der Weiterbildung; und

- Verbesserung der Weiterbildungsstatistik und der strategischen Vorausschau des Kompetenzbedarfs.

Mit der Entwicklung der NWS erkennt die Bundesregierung, dass der Erhalt, die Entwicklung und die kontinuierliche Aktualisierung der Kompetenzen und Qualifikationen der Fachkräfte eine wichtige nationale Herausforderung für den zukünftigen Wohlstand Deutschlands darstellen und dass die Weiterbildung eine Schlüsselrolle zur Bewältigung dieser Herausforderung spielen wird.

Die NWS wird auch seitens der OECD gewürdigt:

> *"Deutschland hat in jüngster Zeit viel dafür getan, seine Weiterbildungslandschaft zu modernisieren und die Koordination der vielen Weiterbildungsakteure zu verbessern – nicht zuletzt im Rahmen seiner Nationalen Weiterbildungsstrategie. Dieser Weg muss fortgeführt und erweitert werden, insbesondere durch einen stärkeren Fokus auf jene Gruppen, deren berufliche Zukunft am meisten von Weiterbildung abhängt" (OECD, 2021[7]).*

Nutzen der Weiterbildung

Die Verantwortung für die Weiterbildung wird von Unternehmen, Sozial- und Wirtschaftspartnern, Weiterbildungsanbietern und dem Staat auf Bundes- und Landesebene getragen (OECD, 2021[6]). Dazu erklärte Bundesbildungsministerin Anja Karliczek bei der Vorstellung der OECD-Studie "Weiterbildung in Deutschland" in 2021:

> *"Berufliche Weiterbildung ist ein Schlüssel für den Erhalt unserer Wettbewerbsfähigkeit und der Innovationskraft unseres Landes. Berufliche Weiterbildung ist eine absolute Notwendigkeit für Betriebe sowie Arbeitnehmerinnen und Arbeitnehmer. Sie ist Teil des lebenslangen Lernens. Auf dem Weg zu einer neuen Weiterbildungskultur haben wir mit der Nationalen Weiterbildungsstrategie wichtige Schritte getan... Zu diesen Schritten zählt die Verbesserung des Zugangs zu Weiterbildung durch den Ausbau der Grundbildung... Zugleich bekräftigen wir die gemeinsame Verantwortung der Wirtschaft, der Sozialpartner und von Bund und Ländern für die Gestaltung und Finanzierung der beruflichen Weiterbildung. Die passenden Rahmenbedingungen zu setzen, bleibt zentrale Aufgabe der Politik..." (BMBF, 2021[8]).*

Arbeitnehmer profitieren von der Teilnahme an qualitativ hochwertiger Weiterbildung – etwa durch eine größere Arbeitszufriedenheit, ein geringeres Arbeitslosigkeitsrisiko, bessere Aufstiegschancen und ein höheres Einkommen. Ebenso profitieren Arbeitgeber von der Teilnahme ihrer Mitarbeiter an Weiterbildungsmaßnahmen, denn durch den Erwerb höherer Qualifikationen steigern die Arbeitnehmer ihre Produktivität und tragen so zum Erfolg des Unternehmens bei. Die Ausführungen der Bundesbildungsministerin erkennen an, dass die Verbesserung der Qualifikationen der deutschen Arbeitnehmer durch Weiterbildung auch einen öffentlichen Nutzen hat. Da der Nutzen der Weiterbildung zwischen Arbeitgebern, Arbeitnehmern und der Öffentlichkeit geteilt wird, ist es sinnvoll, die Kosten zwischen diesen drei Parteien aufzuteilen; andernfalls besteht die Gefahr von Unterinvestitionen in die Weiterbildung.

Weiterbildungsformen und Anbieter

Die Inanspruchnahme von Weiterbildung in Deutschland liegt leicht über dem OECD-Durchschnitt (OECD, 2021[4]) – etwa ein Zehntel der OECD-Länder, wobei etwa die Hälfte der Befragten der OECD-Erhebung der Erwachsenenkompetenzen (Survey of Adult Skills) in den zwölf Monaten vor der Befragung eine nicht-formale oder formale Weiterbildung absolviert hat. Allerdings gibt es eine große Bandbreite an Weiterbildungsformen und Anbietern (OECD, 2021[6]) (Tabelle 1.1).

Tabelle 1.1. Weiterbildungsformen und Anbieter in Deutschland

Form	Kategorien	Anbieter
Grundlegende Weiterbildung	Alphabetisierung Grundbildung, Elementarbildung	Volkshochschulen Arbeit und Leben DGB/BHS Bildungsinstitutionen in kirchlicher Trägerschaft Private gemeinnützige Anbieter
Allgemeine Weiterbildung	Nachholen eines allgemeinbildenden Schulabschlusses	Abendschulen Volkshochschule Berufsfachschulen/ Berufsschulen/Berufsoberschulen Private gemeinnützige Anbieter
Berufliche Weiterbildung	Nachholen eines Berufsabschlusses Umschulung Anpassungsqualifizierung/ -maßnahmen Höherqualifizierende Berufsbildung/ Aufstiegsfortbildung	Berufsschulen überbetriebliche Berufsbildungsstätten Berufsfachschule, Berufskolleg, Fachakademien/Fachschulen Private gemeinnützige Anbieter Privatwirtschaftliche Anbieter Unternehmen Arbeit und Leben DGB/BHS
Weiterbildung an Hochschulen (Wissenschaftliche Weiterbildung)	Bachelor Studiengänge Master Studiengänge Zertifikate Module Andere non-formale wissenschaftliche Weiterbildung	Berufsakademien Verwaltungsfachhochschulen Fachhochschulen Universitäten wissenschaftliche Einrichtungen
Erwachsenenbildung	Kulturbildung Politische Bildung Alphabetisierung Grundbildung, Elementarbildung Berufliche Weiterbildung	Volkshochschulen Kirchliche Gruppen Politische Stiftungen Gewerkschaften Private gemeinnützige Anbieter Privatwirtschaftliche Anbieter

Quelle: OECD (2021[6]), *Continuing Education and Training in Germany*, Getting Skills Right, https://doi.org/10.1787/1f552468-en.

Es gibt viele verschiedene Anbieter für Weiterbildungen in Deutschland – etwa 40 % von ihnen sind Private, einige davon nicht gewinnorientiert. Die Anbieter reichen von Volkshochschulen bis hin zu den Bildungseinrichtungen von Organisationen wie den Industrie- und Handelskammern. Rund 10 % der Anbieter sind Hochschulen oder Berufsbildungseinrichtungen (OECD, 2021[6]).

Um die Inanspruchnahme und das Angebot der Weiterbildung weiter zu stärken gibt die (OECD, 2021[6]) die folgenden Empfehlungen: Verbesserung der Governance-Strukturen in der Weiterbildung, systematische Herangehensweise an Beratung, Validierung und Teilqualifikationen, Erweiterung der Finanzierung und Bündelung der finanziellen Anreize, und Erwachsene mit geringen Grundkompetenzen für Weiterbildung gewinnen.

Weiterbildung an Hochschulen (wissenschaftliche Weiterbildung)

Weiterbildung gehört gemäß dem Hochschulrahmengesetz (HRG, § 2 Abs. 1 S. 1) zu den wesentlichen Aufgaben der deutschen Hochschulen[1]. Nach Angaben der deutschen Erhebung über Erwachsenenbildung, nehmen bundesweit etwa 5 % der Erwachsenen im Alter von 18 bis 65 Jahren jedem Jahr an Weiterbildungsmaßnahmen im Hochschulbereich teil (OECD, 2021[6]).

Jedoch wird der Begriff der Weiterbildung als Gesetzesbegriff weder auf Bundes- noch auf Landesebene einheitlich bestimmt. In den Hochschulgesetzen der Bundesländer wird der Begriff in unterschiedlicher

Weise näher bestimmt. Insbesondere werden Zweck und Art der Ausbildungsprogramme beschrieben. Beispielhaft wird auf folgende Regelungen hingewiesen:

- Das Sächsische Hochschulgesetz (SächsHG) stellt auf den Zweck der Weiterbildung ab: *„Die Hochschulen bieten weiterbildende Studien an. Diese sollen Fachkenntnisse erweitern oder wissenschaftliche oder künstlerische Fähigkeiten und Fertigkeiten entwickeln."*
- Das Landeshochschulgesetz Mecklenburg-Vorpommern (LHG M-V) umschreibt sowohl den Zweck der Weiterbildung als auch das konkrete Angebot: *„Die Hochschulen entwickeln und bauen ihr wissenschaftliches und künstlerisches Weiterbildungsangebot zielgruppenorientiert und unter Berücksichtigung der Anforderungen an ein lebensbegleitendes Lernen aus. Das wissenschaftliche Weiterbildungsangebot der Hochschulen umfasst weiterbildende Masterstudiengänge, grundständige, der Weiterbildung dienende Bachelorstudiengänge, Weiterbildungsangebote mit Abschlusszertifikat und sonstige Weiterbildungsveranstaltungen. Die Angebote der wissenschaftlichen Weiterbildung richten sich in der Regel an Personen mit qualifizierter berufspraktischer Erfahrung."*
- Das Hessische Hochschulgesetz (im Folgenden: HessHG) stellt wiederum den Zweck der Weiterbildungsangebote in den Vordergrund: *„Die Hochschulen sollen Weiterbildungsangebote zur wissenschaftlichen Vertiefung und Ergänzung berufspraktischer Erfahrungen entwickeln und anbieten."*

Die Ständige Konferenz der Kultusminister der Länder in der Bundesrepublik Deutschland (Kultusministerkonferenz, KMK) bestimmt wissenschaftliche Weiterbildung als *"die Fortsetzung oder Wiederaufnahme organisierten Lernens nach Abschluss einer ersten Bildungsphase und in der Regel nach Aufnahme einer Erwerbs- oder Familientätigkeit, wobei das wahrgenommene Weiterbildungsangebot dem fachlichen und didaktischen Niveau der Hochschule entspricht"* (KMK, 2001[9]).

Dies ist eine sehr weite Definition. Unter dem Begriff "organisierten Lernens" kann vieles verstanden werden – vom dreiwöchigen Sprachkurs bis zum vollwertigen Masterstudiengang. Auf einen gemeinsamen Nenner gebracht, zeichnet alle Weiterbildungsangebote jedoch eines aus: Die „erste Bildungsphase" ist bereits abgeschlossen. Die Definition der KMK ist keine gesetzliche Begriffsbestimmung. Die KMK ist aber eine Einrichtung, in der Kultusminister als Regierungsmitglieder zusammenarbeiten. Die Inhalte ihrer Berichte können daher zumindest für die Auslegung von Gesetzesbegriffen herangezogen werden.

Auch das Hochschulgesetz Brandenburg (BbgHG) bestimmt Angebote der wissenschaftlichen Weiterbildung in § 25 Abs. 1 S. 1 BbgHG zunächst nach deren Zweck. Diese sollen zur Vermittlung weiterer wissenschaftlicher, künstlerischer und beruflicher Qualifikationen einerseits oder zur Heranbildung des wissenschaftlichen und künstlerischen Nachwuchses andererseits dienen. Die Inhalte solcher Angebote sollen mit dem übrigen Lehrangebot abgestimmt werden und zugleich berufspraktische Erfahrungen und Bedürfnisse einbeziehen.

Diese Begriffsbestimmung deckt sich zwar nicht dem Wortlaut nach, aber doch inhaltlich mit der Fassung der KMK. § 25 Abs. 1 BbgHG bringt insgesamt zum Ausdruck, dass es um die Vermittlung **weiterer** Qualifikationen geht. Also um die **Wieder**aufnahme des Lernens. Eine bereits zuvor abgeschlossene „erste Bildungsphase" wird also vorausgesetzt. Außerdem sollen die Weiterbildungsangebote mit dem übrigen Lehrangebot der Hochschulen abgestimmt werden. Dies zeigt, dass das fachliche und didaktische Niveau der Hochschulstudiengänge sich in den Weiterbildungsangeboten widerspiegeln soll. Besonders deutlich wird dieser Befund anhand von § 25 Abs. 2 S. 1 BbgHG. Nach dieser Vorschrift vermitteln weiterbildende Studiengänge einen **Hochschul**abschluss nach § 28 Abs. 1 S. 2 BbgHG.

Die Hierarchie des Rechts der wissenschaftlichen Weiterbildung

Die Hochschulen in Deutschland sind eingebettet in ein vielschichtiges Netz europäischer, bundes- und landesrechtlicher Vorschriften, die sie zugleich schützen, aber auch verpflichten.

Hochschulen zwischen Grundgesetz, Landesverfassungen und Europarecht

Die Wissenschaftsfreiheit des Art. 5 Abs. 3 Grundgesetz (GG) schützt die Tätigkeit des Forschens und Lehrens vor übermäßigen staatlichen Eingriffen und bietet zugleich die Grundlage für die Einrichtung von Hochschulen sowie Bildungs- und Forschungseinrichtungen (Gärditz, 2019[10])[2]. Die Hochschulen sind nach dem Verständnis der Landeshochschulgesetze ein grundlegender Pfeiler zur Erhaltung des demokratischen und sozialen Rechtsstaats[3]. Deshalb unterliegen sie grundsätzlich der staatlichen Finanzierung durch die Bundesländer.

Art. 31 Abs. 1 und Art. 32 Abs. 1 der Verfassung des Landes Brandenburg (BbgVerf) treten neben die Wissenschaftsfreiheit des Grundgesetzes. Art. 31 Abs. 1 BbgVerf garantiert deckungsgleich mit Art. 5 Abs. 3 GG die Wissenschaftsfreiheit, Art. 32 Abs. 1 BbgVerf ergänzt diese Garantie um das Selbstverwaltungsrecht der Hochschulen. Im Schutzbereich der Wissenschaftsfreiheit können sich Hochschulen dementsprechend gegenüber anderen Hoheitsträgern zur Abwehr von übermäßigen Eingriffen in die wissenschaftliche Tätigkeit und Selbstverwaltung auf Art. 31 Abs. 1 und 32 Abs. 1 BbgVerf und Art. 5 Abs. 3 GG berufen (Gärditz, 2019[10])[4]. Doch zugleich sind die Hochschulen auch Hoheitsträger und Grundrechtsverpflichtete, soweit es nicht um eine staatliche Einschränkung der Wissenschaftsfreiheit geht. Sie sind damit gemäß Art. 20 Abs. 3 GG in ihrem Handeln an Recht und Gesetz gebunden[5] (Geis, 2020[11]). Auf die Hochschulen finden alle entsprechenden in Deutschland geltenden Gesetze des Landes, Bundes- und Europarechts Anwendung.

Normenhierarchisch steht jedoch das Europarecht über den Vorschriften des nationalen Rechts. Dies bedeutet: Besteht in einem Regelungsfeld eine europarechtliche Vorschrift und handelt es sich um einen Sachverhalt mit Unionsbezug, so ist diese Vorschrift in ihrem Anwendungsbereich sowohl vorrangig gegenüber den einfachgesetzlichen Vorschriften als auch den Verfassungen des Bundes und der Länder anzuwenden[6]. Auch der Spielraum für den Bundes- und die Landesgesetzgeber bei der Schaffung neuer Gesetze ist in den Regelungsbereichen des Europarechts eingeschränkt (Callies/Kahl/Puttler, 2016[12]).[7] Dies betrifft auch den Bereich des Hochschulrechts, in den einschlägigen europarechtlichen Vorschriften vorrangig beachtet werden müssen.

Hochschulrecht ist Landesrecht

Das nationale deutsche Hochschulrecht ist seit der Föderalismusreform 2006 beinahe ausschließlich der Gesetzgebungskompetenz der Länder zugewiesen[8]. Das 2007 zuletzt geänderte Hochschulrechtsrahmengesetz (HRG)[9] ist nicht aufgehoben, findet jedoch nur noch in den Bereichen Anwendung, in denen ein Bundesland keine Neuregelung erlassen hat (Geis, 2020[11])[10]. Seit 2006 haben die Bundesländer die jeweiligen Landeshochschulgesetze geändert, entsprechend eng ist der verbleibende Anwendungsbereich des HRG (Geis, 2020[11])[11].

Für die notwendige länderübergreifende Koordination hochschulrechtlicher Angelegenheiten ist die Ständige Konferenz der Kultusminister der Länder in der Bundesrepublik Deutschland (Kultusministerkonferenz, KMK) eingerichtet worden. Beschlüsse der KMK sind nicht bindend für die Länder. Es handelt sich vielmehr um ein Instrument des kooperativen Föderalismus, in dem Empfehlungen ausgesprochen werden, die sodann einer landesrechtlichen Umsetzung bedürfen (VGH Baden-Württemberg, 2016[13])[12]. Entscheidend sind demnach die vom Bundestag und den Landesparlamenten erlassenen Gesetze, ergänzt durch die Rechtsverordnungen und Satzungen in der Ausgestaltung durch die nachgeordneten Stellen, die zum Erlass der untergesetzlichen Vorschriften berechtigt sind. Dazu zählen im Rahmen ihrer Satzungsautonomie auch die Hochschulen, siehe zum Beispiel § 5 Abs. 1 Hochschulgesetz Brandenburg (BbgHG).

Hochschulhaushaltsrecht

Die allgemeinen haushaltsrechtlichen Bestimmungen sind im Haushaltsgrundsätzegesetz (HGrG) und der Bundeshaushaltsordnung festgelegt. Ergänzt werden diese bundeseinheitlich geltenden Vorschriften durch Regelungen in den Landeshochschulgesetzen und im Hochschulsatzungsrecht (Geis, 2020[11])[13].

Eine wesentliche Frage des Haushaltsrechts betrifft die Finanzierungsmöglichkeiten von Hochschulen. Grundsätzlich werden Hochschulen durch staatliche Mittel finanziert. Darüber hinaus können sie sich jedoch auch durch Fremdmittel finanzieren[14]. Fremdmittel sind typischerweise Gelder von Unternehmen für die Auftragsforschung oder Gutachtenerstellung – aber auch Entgelte für Weiterbildungsangebote können hierunter fallen.

Die Nutzung solcher Fremdmittel kann dabei zu einem Spannungsverhältnis zwischen dem Eigeninteresse der Hochschule auf der einen und dem öffentlichen Zweck bzw. dem staatlichen Bildungsauftrag auf der anderen Seite führen.

Auch im privatrechtlich geprägten Bereich der fremdmittelfinanzierten Tätigkeiten sind die Hochschulen in gleicher Weise an Recht und Gesetz gebunden. Insbesondere die zu beachtenden Vorschriften des EU-Beihilferechts versuchen in diesem Spannungsfeld die Handlungen zu verhindern, die zu einer Verzerrung des Marktes führen könnten.

Rechtliche Grundlagen der Europäischen Bildungspolitik

Die Gründung der Europäischen Gemeinschaft mit wirtschaftlichem Fokus begünstigte über viele Jahre die sogenannte Berufsbildungspolitik. Die Fragen der allgemeinen Bildung waren hingegen weniger bedeutsam. Ihren Durchbruch auf europäischer Ebene schaffte die Bildungspolitik Mitte der 1980er-Jahre, insbesondere über die Einführung von Austauschprogrammen für Hochschulen (Erasmus). Mit den Verträgen von Maastricht und Amsterdam bekam die EU dann auch klare Kompetenzen für ihre Aktivitäten in der allgemeinen und beruflichen Bildung, wobei zugleich alle Harmonisierungsversuche der nationalen Bildungssysteme verhindert werden sollten (Wehling, 2020[14]).

Am 1. Dezember 2009 trat der Vertrag von Lissabon in Kraft, der aus zwei Teilen besteht: dem Vertrag über die Europäische Union (EUV) und dem Vertrag über die Arbeitsweise der Europäischen Union (AEUV). Nach dem Grundsatz der begrenzten Einzelermächtigung, verankert in Art. 5 Abs. 2 AEUV, verfügt die EU nur über diejenigen Zuständigkeiten, die ihr durch die Verträge seitens der Mitgliedstaaten übertragen wurden.

Die Zuständigkeiten sind dabei in drei Hauptkategorien unterteilt:

- ausschließliche Zuständigkeiten;
- geteilte Zuständigkeiten; und
- unterstützende Zuständigkeiten.

In Bereichen, in denen die EU über ausschließliche Zuständigkeiten verfügt (z. B. gemeinsame Handelspolitik), hat das europäische Recht Vorrang vor dem nationalen Recht. Im Bereich der unterstützenden Rechtsetzungskompetenz ist die Union gemäß Art. 2 Abs. 5 AEUV nach Maßgabe der Verträge dafür zuständig, Maßnahmen zur Unterstützung, Koordinierung oder Ergänzung der Maßnahmen der Mitgliedstaaten durchzuführen. Der EU kommt im Bereich der allgemeinen und beruflichen Bildung lediglich eine unterstützende Zuständigkeit zu.

Die Rechtsgrundlagen in den Art. 165 („Allgemeine Bildungspolitik") und 166 („Berufsbildungspolitik") AEUV bestimmen die Schwerpunktsetzungen der EU in Bildungsfragen. Der Schwerpunkt der Aktivitäten der EU liegt demnach auf der Erlassung von Fördermaßnahmen sowie auf koordinierenden Tätigkeiten. Art. 165 Abs. 1 AEUV enthält dabei eine Kompetenzsperre. Die Verantwortung für die Ausgestaltung der Bildungspolitik bleibt somit grundsätzlich bei den Mitgliedstaaten.

Instrumente der Europäischen Bildungspolitik

Der EU steht eine Reihe von unterschiedlichen Mechanismen zur Verfügung, um die europäische Bildungspolitik aktiv mitzugestalten und mitzusteuern. Zu diesen Mechanismen gehören unter anderem der politische Diskurs, Europäisches Benchmarking, Monitoring und auch die vergleichende Forschung. Ferner kann die EU etwa durch Empfehlungen, Stellungnahmen oder Schlussfolgerungen eine gemeinsame Richtung vorgeben:

- Offene Methode der Koordinierung (OMK) – Methodik für die bildungspolitischen Zielsetzungen zwischen den Mitgliedstaaten. Sie bietet die Möglichkeit der gemeinsamen politischen Annäherung.
- Forschung – Die EU hat die Möglichkeit der gezielten Steuerung der Bildungspolitik anhand der Finanzierung von Forschung. Das Rahmenprogramm „Horizont Europa 2021-2027" umfasst Fördergelder (in Höhe von EUR 95,5 Mrd.) und deckt eine Laufzeit von sieben Jahren ab. Das veröffentliche Strategiepapier legt dabei die inhaltlichen Schwerpunkte und Ziele fest, die als förderungswürdig angesehen werden. Die Weiterbildung wird zwar nicht explizit erwähnt, es ist jedoch davon auszugehen, dass Weiterbildungsprogramme als Instrument der Kompetenzvermittlung verwendet werden könnten. Insbesondere durch die vielen Verweise auf bereits vorhandene Strukturen, dem Streben nach Fortschritt und die Weiterentwicklung bereits begonnener Projekte sowie der Nutzung von bestehenden Institutionen und Programmen, kann davon ausgegangen werden, dass auch Weiterbildungsangebote förderfähig sein können.
- Politische Zusammenarbeit (ET-2020) – Arbeitsgruppen auf dem Gebiet der allgemeinen und beruflichen Bildung um gemeinsame politische Ziele zu unterstützen. Die ET-2020-Arbeitsgruppe für den Bereich der beruflichen Aus- und Weiterbildung hatte dabei ihren Fokus auf Digitalisierung gelegt[15].

Strategien und Entwicklungen

Als Leitmotiv der europäischen Bildungspolitik ist das sogenannte „lifelong learning", also das lebenslange Lernen, anzusehen. Den Auftakt für eine Erwachsenenbildungsstrategie bildete dabei das Memorandum der EK über lebenslanges Lernen aus dem Jahr 2000. Die EK legte dieses Memorandum in der Folge des Europäischen Rates von Lissabon im März 2000 vor. Auf diesem Sondergipfel der europäischen Staats- und Regierungschefs wurde ein Programm verabschiedet, das auch als „Lissabon-Strategie" bezeichnet wird.

- Lissabon Strategie – Diese hatte bis 2010 das Ziel, „die Union zum wettbewerbsfähigsten und dynamischsten wissensbasierten Wirtschaftsraum in der Welt zu machen - einem Wirtschaftsraum, der fähig ist, ein dauerhaftes Wirtschaftswachstum mit mehr und besseren Arbeitsplätzen und einem größeren sozialen Zusammenhalt zu erzielen".
- Europa 2020 – Das Nachfolgeprogramm war „Europa 2020". Die nach der Wirtschaftskrise im März 2010 von der EK vorgeschlagene neue Rahmenstrategie hatte das Ziel, gestärkt aus der Krise hervorzugehen und die EU bis 2020 in eine intelligente, nachhaltige und integrative Wirtschaft zu verwandeln. Folgende Kernziele sah die Strategie „Europa 2020" vor: i) 75 % der erwerbsfähigen Bevölkerung sollte in Arbeit stehen, ii) 3 % des Bruttoinlandsproduktes der EU sollten für Forschung und Entwicklung aufgewendet werden, iii) Klimaschutz-/Energieziele sollten erreicht

werden, iv) der Anteil der Schulabbrecher sollte auf unter 10 % abgesenkt werden, und mindestens 40 % der jüngeren Generation sollten einen Hochschulabschluss haben und v) die Zahl der armutsgefährdeten Personen sollte um 20 Millionen sinken.

- Empfehlungen des Rates zur beruflichen Aus- und Weiterbildung 2020 umfassen eine Empfehlung zur beruflichen Aus- und Weiterbildung für nachhaltige Wettbewerbsfähigkeit, soziale Gerechtigkeit und Resilienz an. Die Empfehlung sieht folgende Ziele vor, die bis 2025 auf EU-Ebene erreicht werden sollen: i) Mindestens 82 % der Absolventinnen und Absolventen der Berufsbildung sollten erwerbstätig sein, ii) 60 % der jungen Berufsbildungsabsolventinnen und -absolventen erhalten während ihrer beruflichen Aus- und Weiterbildung die Gelegenheit zum arbeitsbasierten Lernen, und iii) 8 % der Lernenden in der Berufsbildung kommen in den Genuss von Lernmobilität im Ausland.
- Unter Berücksichtigung der oben genannten Empfehlung des Rates konzentriert sich die Osnabrück-Erklärung 2020 für die Jahre 2021 bis 2025 auf folgende vier Hauptbereiche: i) Steigerung der Widerstandsfähigkeit und Exzellenz durch hochwertige, integrative und flexible Berufsbildung, ii) Etablierung einer neuen Kultur des lebenslangen Lernens – unter Berücksichtigung von beruflicher Aus- und Weiterbildung und Digitalisierung, iii) Förderung der Nachhaltigkeit – eine ökologische Verbindung in der Berufsbildung, und iv) Entwicklung eines europäischen Raumes der allgemeinen und beruflichen Bildung und Stärkung der internationalen Berufsbildung.

EU-Förderprogramme

Zur Unterstützung der Bildungspolitik führt die EU mehrere Förderprogramme durch. Die Union hat hierbei jedoch stets das Subsidiaritätsprinzip gemäß Art. 5 Abs. 3 EUV zu beachten. Die Fördermaßnahmen der EU dürfen aufgrund des Subsidiaritätsprinzips nicht die Fördermaßnahmen der Mitgliedstaaten ersetzen. Daher fördert die EU auch in der Regel ein Projekt nicht zu 100 %.

Die wichtigsten EU-Programme zur Unterstützung der beruflichen Aus- und Weiterbildung sind der Europäische Sozialfonds (ESF) sowie Erasmus+:

- Der Europäische Sozialfonds (ESF) ist ein europäisches Programm zur Förderung von Weiterbildungen, Qualifizierungen und arbeitsbezogenen Trainings, das zugleich mit mindestens 20 % seiner Ressourcen die Förderung der sozialen Inklusion und den Abbau von Armut und Diskriminierung vorantreiben soll. Jeder Mitgliedsstaat entwickelt eigene Förderprogramme, die die nationalen und regionalen Besonderheiten in den Blick nehmen. Die Verwaltung der Mittel ist dezentral über die Bundes- und Landesministerien organisiert, die die Projekte für die ESF-Förderung auswählen. In sogenannten Übergangsregionen, in denen das BIP zwischen 75 % und 90 % des EU- Durchschnitts liegt, können bis zu 80 % eines ausgewählten Projekts durch ESF-Mittel gefördert werden. Die Programme sind vielfältig und sollen so auf die unterschiedlichen Lebensumstände der Geförderten reagieren. Neben den institutionalisierten Programmen, die von Bundes- oder Landesministerien organisiert und von privaten Institutionen umgesetzt werden, gibt es auch die Möglichkeit einer Einzelförderung, bei der Individuen bei der Finanzierung einer selbst gewählten Weiterbildung unterstützt werden können. ESF-Mittel genauso wie andere dezentral verwalteten EU-Mittel unterliegen dem Beihilferecht, insbesondere weil die Mitgliedstaaten Ermessensspielraum bei der Auswahl der Begünstigten haben.
- „Erasmus+“ ist das seit 2014 bestehende gemeinsame EU-Programm, das lebenslanges Lernen fördern, nachhaltiges Wachstum ermöglichen, sozialen Zusammenhalt und die europäische Identität stärken sowie Innovation vorantreiben soll. Mit einem Budget von EUR 26,2 Milliarden stellt das 2021-2027 Programm folgende Themen in den Fokus: i) Inklusion und Diversität, ii) Digitalisierung, iii) Umweltschutz und Nachhaltigkeit und iv) Internationale Dimension.

EU-Beihilferecht

Die EU hat nur eine unterstützende Zuständigkeit in Bezug auf die Bildungspolitik, da der ursprüngliche Schwerpunkt der Union die Schaffung eines gemeinsamen Marktes mit fairem Handel war. Alles, was den Wettbewerb verzerrt, z. B. die Begünstigung eines Akteurs oder einer Gruppe von Akteuren auf dem Binnenmarkt, verstößt gegen den Grundsatz des fairen Wettbewerbs und wiederspricht den Wettbewerbsregeln im dritten Teil des Vertrags über die Arbeitsweise der Europäischen Union, die darauf abzielen, Wettbewerbsverzerrungen zu verhindern.

Eine Folge davon ist, dass ein Verstoß gegen die Wettbewerbsregeln vorliegt, wenn ein Mitgliedstaat im Bereich der Bildung (in dem die EU nur eine begrenzte Zuständigkeit hat) eine Politik verfolgt, die als marktverzerrend angesehen wird. Wenn eine Regierung zum Beispiel im Fall der Weiterbildung einige Anbieter von Weiterbildungsmaßnahmen finanziell unterstützt und andere ausschließt, muss dies im Hinblick auf die Wettbewerbsregeln und die Regeln für "Staatliche Beihilfen" gerechtfertigt werden. Stellt sich heraus, dass tatsächlich ein Verstoß vorliegt, hat die EU das Recht, Sanktionen gegen den Mitgliedstaat zu verhängen.

In Deutschland ist wegen des breiten privaten Angebots an Weiterbildung grundsätzlich eine Konkurrenz zwischen öffentlichen und privaten Anbietern auf vielen Gebieten möglich und wahrscheinlich. Dies spielt für das EU-Beihilferecht und die Einordnung als wirtschaftliche oder nichtwirtschaftliche Tätigkeit eine erhebliche Rolle.

Quellennachweise

BMAS (2020), *Nationale Weiterbildungsstrategie*, https://www.bmas.de/DE/Arbeit/Aus-und-Weiterbildung/Weiterbildung/Nationale-Weiterbildungsstrategie/nationale-weiterbildungsstrategie.html. [2]

BMBF (2021), *Pressemitteilung No 06/2021 von 23.04.2021*, https://www.bmbf.de/bmbf/shareddocs/pressemitteilungen/de/karliczek-weiterbildung-als-sc-novationskraft-weiter-staerken.html. [8]

Calliess/Ruffert (ed.) (2016), *TEU/TFEU, 5. Auflage 2016.* [12]

Geis, M. (ed.) (2020), *Hochschulrecht in Bund und Ländern, Werkstand: 53. Ergänzungslieferung Juli 2020.* [11]

KMK (2001), *Sachstands- und Problembericht zur „Wahrnehmung wissenschaftlicher Weiterbildung an Hochschulen".* [9]

Maunz/Dürig (ed.) (2019), *Grundgesetz, Werkstand: 88. Ergänzungslieferung August 2019.* [10]

Nedelkoska, L. and G. Quintini (2018), "Automation, skills use and training", *OECD Social, Employment and Migration Working Papers*, No. 202, OECD Publishing, Paris, https://dx.doi.org/10.1787/2e2f4eea-en. [3]

OECD (2021), *Continuing Education and Training in Germany*, Getting Skills Right, OECD Publishing, Paris, https://dx.doi.org/10.1787/1f552468-en. [6]

OECD (2021), *Deutschland braucht ein kohärenteres Weiterbildungssystem, das die Bedürfnisse Geringqualifizierter besser berücksichtigt, Pressemitteilung*, https://www.oecd.org/berlin/presse/deutschland-braucht-ein-kohaerenteres-weiterbildungssystem-das-die-beduerfnisse-geringqualifizierter-besser-beruecksichtigt.htm#:~:text=Deutschland%20braucht%20ein%20koh%C3%A4renteres%20Weiterbildungssystem,insgesamt%20s. [7]

OECD (2021), *OECD Skills Outlook 2021: Learning for Life*, OECD Publishing, Paris, https://dx.doi.org/10.1787/0ae365b4-en. [4]

Statistik Berlin-Brandenburg (2021), *Bevölkerungsvorausberechnung für das Land Brandenburg 2020-2030.* [1]

VGH Baden-Württemberg (2016), *Beschluss vom 11.12.2015 - 4 S 1652/15*, BeckRS. [13]

Wehling, G. (ed.) (2020), *Das Europalexikon (3.Auflage)*, Verlag J. H. W. Dietz Nachf. GmbH. [14]

Wissenschaftsrat (2019), *Empfehlungen zu hochschulischer Weiterbildung als Teil des lebenslangen Lernens*, Wissenschaftsrat, https://www.wissenschaftsrat.de/download/2019/7515-19.pdf?__blob=publicationFile&v=1. [5]

Endnoten

[1] § 2 Abs. 1, S. 1 Hochschulrahmengesetz.

[2] Zur Funktion der Wissenschaftsfreiheit siehe Gärditz in: Maunz/Dürig, Grundgesetz, Werkstand: 88. Ergänzungslieferung August 2019, Art. 5 Abs. 3 Rn. 15 ff; zur Wissenschaftsfreiheit als Gewährleistungsgarantie siehe Gärditz, a.a.O., Rn. 195 ff.

[3] So etwa § 4 Abs. 1 Berliner Hochschulgesetz (BerlHG), § 3 Abs. 1 Hamburgisches Hochschulgesetz (HmbHG), § 3 Abs. 1 Hochschulgesetz Nordrhein-Westfalen (HG NRW), § 2 Abs. 1 Landeshochschulgesetz Baden-Württemberg (LHG BaWü).

[4] Gärditz in: Maunz/Dürig, Grundgesetz, Werkstand: 88. Ergänzungslieferung August 2019, Art. 5 Abs. 3 Rn. 35 ff., 47 ff.

[5] Geis in: Geis, Hochschulrecht in Bund und Ländern, Werkstand: 53. Ergänzungslieferung Juli 2020, § 58 HRG, Rn. 14 ff.

[6] Der Anwendungsvorrang des Gemeinschaftsrechts gilt nach der Rechtsprechung des Bundesverfassungsgerichts nur kraft und im Rahmen der fortbestehenden verfassungsrechtlichen Ermächtigung, so dass es möglich bleibt, über das Bundesverfassungsgericht den deutschen Grundrechtsschutz in der Substanz zu wahren, siehe BVerfG, Urteil vom 30.06.2009 – 2 BvE 2/08 u.a., NJW 2009, 2267, 2273, 2284, Rn. 240, 331. Soweit die Organe der Europäischen Union außerhalb ihrer Grenzen handeln (ultra-vires), greift der Anwendungsvorrang des Gemeinschaftsrechts nicht, vgl. BVerfG, Urteil vom 05.05.2020 – 2 BvR 859/15 u.a., NJW 2020, 1647, 1669, Rn. 234.

[7] Callies/Kahl/Puttler in: Calliess/Ruffert, EUV/AEUV, 5. Auflage 2016, Art. 4 EUV Rn. 101.

[8] Nur zur Regelung der Hochschulzulassung und der Hochschulabschlüsse besteht beim Bund noch eine Kompetenz im Rahmen der konkurrierenden Gesetzgebung, Art. 73 Abs. 2 Nr. 33 GG. Diese hat jedoch aufgrund abweichender Regelungen der Länder (Art. 72 Abs. 3 S. 1 Nr. 6 GG) keine wesentliche Bedeutung.

[9] In der Fassung der Bekanntmachung vom 19. Januar 1999 (BGBl. I S. 18), zuletzt geändert durch Artikel 2 des Gesetzes vom 12. April 2007 (BGBl. I S. 506).

[10] Wolff in: Geis, Hochschulrecht in Bund und Ländern, Werkstand: 53. Ergänzungslieferung Juli 2020, Brandenburg, Rn. 8 ff.

[11] Exemplarisch zur Hochschulreform 2008 in Brandenburg: Wolff in: Geis, Hochschulrecht in Bund und Ländern, Werkstand: 53. Ergänzungslieferung Juli 2020, Brandenburg, Rn. 10 ff.

[12] VGH Mannheim, Beschluss vom 11.12.2015 – 4 S 1652/15, BeckRS 2016, 40955 Rn. 5.

[13] Zum Haushaltsrecht siehe Karpen in: Geis, Hochschulrecht in Bund und Ländern, Werkstand: 53. Ergänzungslieferung Juli 2020, § 5 HRG Rn. 20 ff.

[14] Dies lassen zum Beispiel die Vorschriften der § 40 Abs. 1 BerlHG, § 71 Abs. 1 NRWHG, § 77 Abs. 1 HmbHG, § 41 Abs. 1 LHG BaWü zu.

[15] Die Schwerpunkte der Arbeitsgruppe im Einzelnen: i) Gewährleistung des Einsatzes moderner Lerntechnologien in der Berufsbildung und höheren Berufsbildung; ii) Förderung proaktiver und flexibler Berufsbildungssysteme zur Unterstützung von Strategien für intelligente Spezialisierung und der Zusammenarbeit durch Industriecluster; iii) Förderung von Qualität und Exzellenz in der Berufsbildung; iv) Stärkung der Steuerung und Finanzierung durch Kostenteilung und Investitionen in die Infrastruktur; v) Förderung der Lernmobilität in der Berufsbildung, eines Berufswegs ohne Grenzen und der Internationalisierung der Berufsbildung.

2 Grundsätze des EU-Beihilferechts

Dieses Kapitel legt den Rechtsrahmen der EU für die Regulierung staatlicher Beihilfen dar. Es erläutert die Gründe für das Verbot staatlicher Subventionen für Programme, die das Potenzial haben, den freien Handel im europäischen Binnenmarkt zu verzerren. Es definiert die in den Rechtsinstrumenten verwendeten Begriffe und zeigt auf, worauf Juristen bei der Analyse einer bestimmten Aktivität achten, um deren Vereinbarkeit mit dem Gesetz zu überprüfen. Außerdem werden die Sanktionen beschrieben, die verhängt werden können, wenn eine Tätigkeit entgegen den Bestimmungen des europäischen Beihilferechts staatlich subventioniert wurde. Angesichts der Vielfalt der wirtschaftlichen Aktivitäten in der Europäischen Union und der Komplexität des Gesetzes sind Ausnahmen und Befreiungen von den Vorschriften entstanden, was die Komplexität des Gesetzes noch erhöht hat.

Zweck und Regelungshintergrund des Beihilferechts der Europäischen Union (EU)

Die Vorschriften über staatliche Beihilfen – Art. 107 bis 109 AEUV – zählen zu den Wettbewerbsregeln des dritten Teils des AEUV. Sie verfolgen das Ziel, Wettbewerbsverzerrungen innerhalb des europäischen Binnenmarkts zu verhindern, die aufgrund von mitgliedstaatlichen Vergünstigungen an die in ihrem Hoheitsgebiet ansässigen Unternehmen entstehen können (Wallenberg/Schütte, 2016[1])[1]. Daher verbietet Art. 107 Abs. 1 AEUV grundsätzlich staatliche Beihilfen. Es gibt aber Ausnahmen von diesem Verbot. Hinter diesem Regel-Ausnahme-Verhältnis steht das Bewusstsein des Unionsgesetzgebers, dass ein striktes Durchhalten des Verbots unmöglich ist. Zum Beispiel gibt es Fälle, in denen Marktversagen oder Marktbedingungen die Zahlung einer Subvention rechtfertigen.

Entscheidend für eine EU-beihilferechtliche Bewertung ist das grundsätzliche EU-Beihilfeverbot aus Art. 107 Abs. 1 AEUV. Danach sind:

> *"staatliche oder aus staatlichen Mitteln gewährte Beihilfen gleich welcher Art, die durch die Begünstigung bestimmter Unternehmen oder Produktionszweige den Wettbewerb verfälschen oder zu verfälschen drohen, mit dem Binnenmarkt unvereinbar, soweit sie den Handel zwischen den Mitgliedstaaten beeinträchtigen." (EC, 2009[2])*

Eine Beihilfe liegt somit vor, wenn die folgenden vier Tatbestandsmerkmale sämtlich erfüllt sind:

- Eine staatliche Maßnahme;
- die eine Begünstigung;
- eines bestimmten Unternehmens darstellt (Selektivität der Maßnahme); und
- dadurch zum Eintritt einer (jedenfalls potenziellen) Wettbewerbsverfälschung und Beeinträchtigung des innergemeinschaftlichen Handels führt (Callies/Ruffert, 2016[3]) (Bartosch, 2016[4])[2].

Dieses Kapitel legt die einzelnen Tatbestandsmerkmalen dar.

Tatbestandsvoraussetzungen

Finanzierung aus staatlichen Mitteln

Der Verbotstatbestand des Art. 107 Abs. 1 AEUV unterscheidet zwischen einerseits *staatlichen* und andererseits *aus staatlichen Mitteln gewährten* Beihilfen. Diese Unterscheidung dient nach der ständigen Rechtsprechung des Europäischen Gerichtshofs (EuGH) dazu:

> *"in den Beihilfebegriff nicht nur unmittelbar vom Staat gewährte Beihilfen, sondern auch jene Beihilfen einzubeziehen, die durch vom Staat benannte oder errichtete öffentliche oder private Einrichtungen gewährt werden" (ECJ, 1978[5]) (ECJ, 1982[6]) (ECJ, 1993[7])* [3].

Nach der Rechtsprechung des EuGHs der Unionsgerichte bestehen für das Vorliegen dieses einheitlichen Tatbestandsmerkmals zwei Voraussetzungen: Die staatliche Herkunft der eingesetzten Mittel einerseits und die Zurechenbarkeit dieser Mittel zum Staat andererseits. Beide Voraussetzungen müssen kumulativ erfüllt sein (ECJ, 2002[8])[4].

Nach der Definition des EuGH handelt es sich bei staatlichen Mitteln daher um *„alle Geldmittel, auf die die Behörden tatsächlich zur Unterstützung von Unternehmen zurückgreifen können, unabhängig davon, ob die Mittel dauerhaft zum Vermögen des Staates gehören“* (ECJ, 2002[8])[5]. Als staatliche Mittel gemäß Art. 107 Abs. 1 AEUV können daher neben Mitteln der Bundesländer und der Gebietskörperschaften auch Mittel staatlicher Unternehmen zählen.

Unbeachtlich ist also die rechtliche Stellung der Einrichtung, die für die Gewährung der Mittel zuständig ist. Voraussetzung für die Qualifikation als staatliche Maßnahme ist jedoch, dass die Maßnahme dem Staat zurechenbar ist. Dies ergibt sich wiederum nicht allein aus der Tatsache, dass die Einrichtung staatlich ist. Ausreichend ist auch nicht, dass der Staat die Einrichtung kontrollieren oder einen beherrschenden Einfluss ausüben kann. Der staatliche Einfluss oder die staatliche Kontrolle muss vielmehr konkret für die Gewährung der Mittel nachgewiesen werden (Wallenberg/Schütte, 2016[1])[6]. Hierbei sind Indikatoren ausreichend (EC, 2016[9])[7]. Zu prüfen sind nach dem Grundsatzurteil des EuGH in der Rechtssache Stardust Marine (ECJ, 2002[8]), insbesondere die Eingliederung des Unternehmens in die Strukturen der öffentlichen Verwaltung, die Art seiner Tätigkeiten und deren Ausübung auf dem Markt unter normalen Bedingungen des Wettbewerbs mit privaten Wirtschaftsteilnehmern, der Rechtsstatus des Unternehmens (ob es also dem öffentlichen Recht oder dem allgemeinen Gesellschaftsrecht unterliegt), die Intensität der behördlichen Aufsicht über die Unternehmensführung und jedes andere Indiz, das im konkreten Fall auf eine Beteiligung der Behörden oder auf die Unwahrscheinlichkeit einer fehlenden Beteiligung am Erlass einer Maßnahme hinweist, wobei auch deren Umfang, ihr Inhalt oder ihre Bedingungen zu berücksichtigen sind. Die Rechtsprechung stellt hohe Anforderungen an einen Ausschluss der Zurechnung und tendiert zu einer de-facto-Vermutung der Zurechenbarkeit (Koenig/Förtsch, 2018[10])[8].

Grundsätzlich können auch Mittel der brandenburgischen Hochschulen danach staatliche Mittel sein.

Begünstigung

Der Begriff der EU-beihilferechtlichen „Begünstigung" ist deutlich weiter als der im deutschen Recht geläufige Begriff der „Subvention". Unter einer „Begünstigung" sind daher nicht nur positive Leistungen (verlorene Zuschüsse), sondern jeder wirtschaftliche Vorteil ohne angemessene Gegenleistung zu verstehen, den ein Unternehmen unter normalen Marktbedingungen, das heißt ohne Eingreifen des Staates, nicht erhalten hätte (ECJ, 1961[11]) (EuGH, 1994[12])[9]. Dies können sowohl positive Leistungen als auch die Befreiung von Lasten und Abgaben sein, die das Unternehmen normalerweise zu tragen hätte. Unter dem Tatbestandsmerkmal der Begünstigung ist folglich jede Gewährung eines wirtschaftlichen Vorteils ohne marktangemessene (oder „marktübliche") Gegenleistung zu verstehen. Typische Beispiele sind verlorene Zuschüsse, zinsgünstige oder zinslose Darlehen, die Übernahme von Bürgschaften sowie die Überlassung von Grundstücken oder Gebäuden.

Zur Beurteilung des zentralen Kriteriums der „Marktüblichkeit" des Vorteils stellen EuGH und Europäische Kommission (EK) in ständiger Beschlusspraxis auf den sogenannten „Private-Investor-Test" ab (ECJ, 1996[13]) (ECJ, 1999[14])[10]. Dabei wird das Investitionsverhalten der öffentlichen Hand mit dem eines hypothetischen privaten Marktteilnehmers verglichen. Ob ein wirtschaftlicher Vorteil als marktangemessen oder marktunangemessen anzusehen ist, beurteilt sich insofern danach, ob ein wirtschaftlich handelnder privater Investor in der Rolle der staatlichen Stelle eine vergleichbare Maßnahme zugunsten des jeweiligen Unternehmens durchgeführt hätte bzw. durchführen würde.

Selektivität

Der Beihilfetatbestand setzt weiter voraus, dass die Maßnahmen einem bestimmten Unternehmen oder Produktionszweig einen Vorteil gegenüber anderen verschaffen, also selektiv wirken. Durch das Erfordernis der Selektivität sollen insbesondere allgemeine wirtschaftspolitische Maßnahmen eines Mitgliedstaats vom Anwendungsbereich des EU-Beihilferechts ausgenommen werden, die allen zugutekommen und daher kein Unternehmen im Wettbewerb gegenüber anderen bevorzugen (Bartosch, 2016[4])[11].

Wettbewerbsverfälschung und Beeinträchtigung des zwischenstaatlichen Handels

Eine EU-beihilferechtlich relevante Begünstigung liegt jedoch nur dann vor, wenn diese zu einer (zumindest potenziellen) Wettbewerbsverfälschung führt. Wettbewerbsverfälschend ist eine Beihilfe (im Sinne einer selektiven, aus staatlichen Mitteln stammenden Zuwendung) nur, wenn sie die Stellung des Begünstigten oder eines dritten Unternehmens auf dem sachlich, zeitlich und räumlich relevanten Markt zulasten ihrer (potentiellen) Konkurrenten durch die Beihilfe verbessert. Zur Beantwortung dieser Frage wird die Konkurrenzlage vor und nach einer (beabsichtigten) Subventionierung verglichen (ECJ, 1974[15]) (ECJ, 1980[16])[12].

Schließlich muss eine Maßnahme auch den Handel zwischen den Mitgliedstaaten beeinträchtigen, um von der Verbotsnorm des Art. 107 Abs. 1 AEUV erfasst zu sein. Unter Handel im Sinne dieser Tatbestandsvoraussetzung ist dabei der gesamte Waren- und Dienstleistungsverkehr zwischen den Mitgliedstaaten zu verstehen. Eine Beeinträchtigung liegt bereits dann vor, wenn sich die fragliche staatliche Maßnahme in irgendwie gearteter Weise auf den mitgliedstaatlichen bzw. gemeinschaftsweiten Handel auswirkt (ECJ, 1999[17]) (ECJ, 1994[18]) (ECJ, 1991[19]) (ECJ, 1988[20])[13].

Unternehmen

Das in Art. 107 Abs. 1 AEUV niedergelegte EU-beihilferechtliche Verbot setzt die Begünstigung bestimmter Unternehmen oder Produktionszweige voraus. Besonders wichtig für die EU-beihilferechtliche Betrachtung von Weiterbildung an Hochschulen ist das Merkmal „Unternehmen“. Dabei gilt ein sogenannter funktionaler Unternehmensbegriff. Unternehmen ist danach jede eine wirtschaftliche Tätigkeit ausübende Einheit, unabhängig von ihrer Rechtsform oder Finanzierung. Daher kann eine Einheit, hier eine Hochschule, hinsichtlich der einen Tätigkeit, etwa bei grundständigen Studiengängen (die eine nichtwirtschaftliche Tätigkeit darstellt), kein „Unternehmen“ sein, hinsichtlich einer anderen, etwa der Auftragsforschung (die eine wirtschaftliche Tätigkeit ist), dagegen schon. Folglich ist nicht die jeweilige Hochschule als eine Einheit zu betrachten, sondern ihre einzelnen Tätigkeiten.

Eine wirtschaftliche Tätigkeit wird nach ständiger Rechtsprechung als „jede Tätigkeit, die darin besteht, Güter oder Dienstleistungen auf einem bestimmten Markt anzubieten“ verstanden (ECJ, 2006[21])[14]. Ein Marktbezug ist dabei regelmäßig dann zu bejahen, wenn die fragliche Tätigkeit keine rein hoheitliche Tätigkeit ist und grundsätzlich auch von einem privaten Unternehmen erbracht werden kann. Eine Gewinnerzielungsabsicht bedarf es zur Annahme einer wirtschaftlichen Tätigkeit nicht. (ECJ, 2004[22])[15].

Die Ebenen des EU-Beihilferechts

Der Unternehmensbegriff setzt also wirtschaftliche Tätigkeit voraus. Jede staatlich geförderte Tätigkeit im Bereich der Hochschulen muss hinsichtlich der Einordnung als wirtschaftlich oder nichtwirtschaftlich auf zwei Ebenen des EU-Beihilferechts betrachtet werden Abbildung 2.1. Dabei ist zu beachten, dass eine funktionale Betrachtungsweise maßgeblich ist, nach der auch innerhalb eines Unternehmens ein Tätigkeitsbereich wirtschaftlich sein kann, während ein anderer nichtwirtschaftlich ist.

Abbildung 2.1. Die Ebenen des EU-Beihilferechts

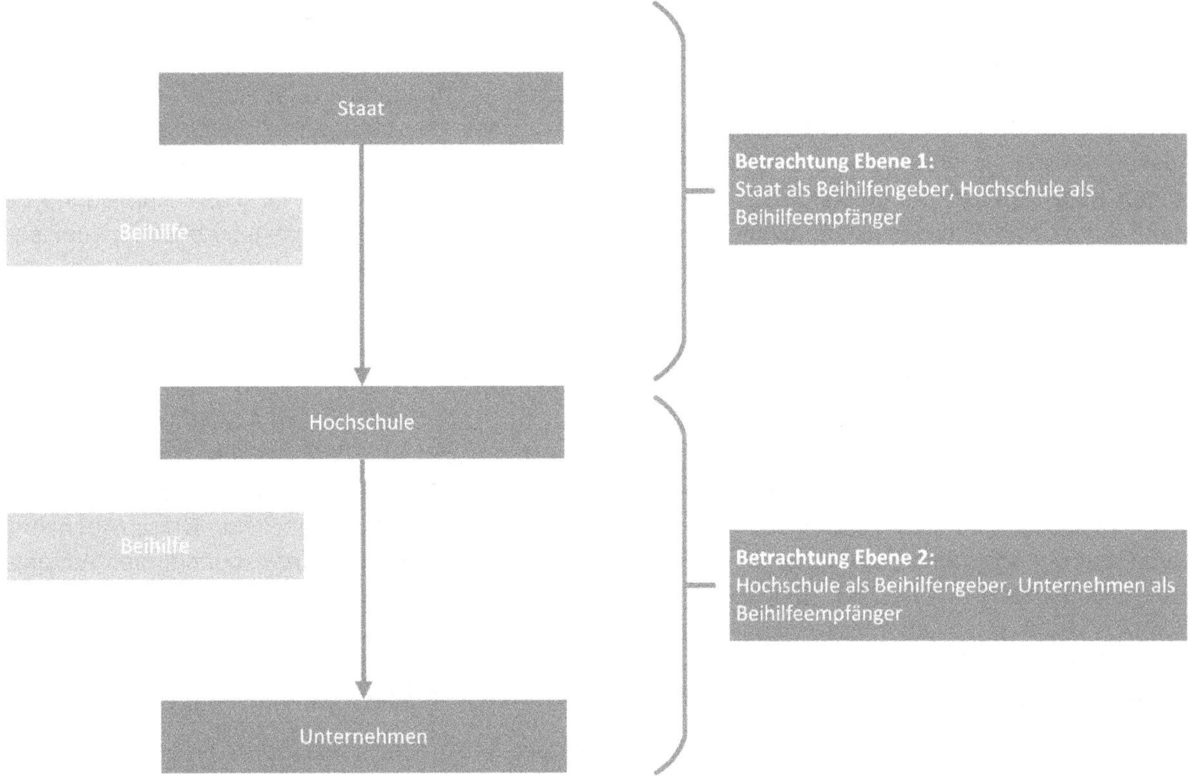

Die **erste Ebene** betrifft die Finanzierung der Hochschule durch den Bund oder ein Bundesland. Auch Hochschulen können wirtschaftliche Tätigkeiten im Sinne des EU-Beihilferechts ausüben. Damit treten sie auch in Konkurrenz zu anderen, privaten Unternehmen. Sie sind dann „Unternehmen" im Sinne des EU-Beihilferechts. Ein (hypothetisches) Beispiel für eine unzulässige Förderung von Hochschulen als Unternehmen: Angenommen, jedes Weiterbildungsangebot wäre eine wirtschaftliche Tätigkeit, so wäre die Hochschule insoweit ein „Unternehmen". Eine öffentliche Finanzierung ihres Weiterbildungsangebot würde dann unter das EU-Beihilfeverbot fallen. Denn die Hochschule erhielte Fördermittel vom Land, die sie dazu nutzen könnte, ihre Weiterbildungsangebote viel günstiger anzubieten als ihre Konkurrenten. Damit hätten sie diesen gegenüber einem wirtschaftlichen Vorteil. Entsprechendes würde für die Finanzierung anderer wirtschaftlicher Tätigkeiten gelten, wie etwa Finanzierung von Ausrüstung oder Laboren, die Dritten vermietet werden oder die Finanzierung von Infrastruktur oder Personal, die für Dienstleistungen gegenüber Unternehmen oder für Auftragsforschung genutzt werden (EC, 2016[9]).[16]

Die **zweite Ebene** betrifft dagegen die mittelbaren staatlichen Beihilfen. Mittelbare Beihilfen kann der Staat im Grundsatz auch dann gewähren, wenn eine öffentlich finanzierte Hochschule einen Privaten an ihrer staatlichen Förderung mittelbar teilhaben lässt. Ein „klassischer" Fall liegt dann vor, wenn eine Hochschule zugunsten eines Unternehmens Leistungen ohne angemessene Gegenleistung erbringt. Die Regulierung auch mittelbarer Beihilfen soll sicherstellen, dass die staatliche Finanzierung der Hochschule nicht auf Umwegen das Marktgeschehen beeinflusst und letztlich zu einer Wettbewerbsverzerrung führt. In Bezug auf Weiterbildung an Hochschulen könnte dies etwa dann der Fall sein, wenn eine Hochschule als „Beihilfegeberin" im Rahmen der Zusammenarbeit bei Weiterbildungsprogrammen staatliche Finanzmittel an ein anderes Unternehmen als „Beihilfeempfänger" weiterreichte.

Ob wirklich eine staatliche Maßnahme vorliegt, ist jedoch im Einzelfall genau zu prüfen. Es ergibt sich nicht „automatisch" aus der Tatsache, dass Leistungen durch die staatliche Universität zugunsten eines privaten Dritten erbracht werden. Bei der Zurechnung von Leistungen auf den Staat sind vielmehr immer auch die „Stardust Marine"-Kriterien des EuGH zu berücksichtigen.

Ausschluss- und Ausnahmetatbestände

Die Erfüllung des EU-Beihilfentatbestands hat grundsätzlich die Unzulässigkeit der entsprechenden Maßnahme zur Folge – es greift das Beihilfeverbot des Art. 107 Abs. 1 AEUV. Von diesem Verbot können zwei Ausnahmen eintreten. Entweder kann bei der konkreten Maßnahme eine Ausschlussregelung in Form von einer allgemeinen **Freistellung** eingreifen. Oder die Maßnahme kann aufgrund einer Ausnahmeregelung durch eine Genehmigung der EK gerechtfertigt sein. Mit den gleichen Folgen: In beiden Fällen entfällt die gemäß Art. 108 Abs. 3 S. 1 AEUV bestehende Pflicht zur Anmeldung der Maßnahme bei der EK und Genehmigung durch diese (Anmeldung und Genehmigung bilden gemeinsam das „Notifizierungsverfahren"). Deshalb darf die Maßnahme im Bereich einer Freistellung ohne Notifizierungsverfahren durchgeführt werden.

EU-beihilferechtliche Freistellungsmöglichkeiten finden sich insbesondere in der sogenannten De-minimis-Verordnung (De-minimis-VO) (EU) Nr. 1407/2013 (EC, 2013[23])[17] und der Allgemeinen Gruppenfreistellungsverordnung (EU) (AGVO) Nr. 651/2014 (EC, 2014[24])[18]. Die AGVO enthält spezielle Ausnahmetatbestände für den Bereich Forschung und Entwicklung (Art. 25 ff. AGVO). Daneben können Maßnahmen zugunsten von Unternehmen, die sogenannte „Dienstleistungen von allgemeinem wirtschaftlichem Interesse" erbringen, vom EU-Beihilfeverbot ausgenommen sein. Diese Ausnahme beruht auf der sogenannten Altmark-Trans-Rechtsprechung des EuGH und dem sogenannten Almunia-Freistellungsbeschluss der EK (EC, 2012[25])[19]. Dieser Beschluss ist Bestandteil des sogenannten „Almunia"-Pakets. Danach müssen die fraglichen Unternehmen als Beihilfeempfänger vom Beihilfegeber mit der Erbringung dieser Dienste „betraut" worden sein. Die Anwendung dieser (und anderer möglicher) Ausnahmeregelungen auf das Angebot von Weiterbildung wird in Kapitel 3 näher erläutert.

Erfüllt eine staatliche Maßnahme den EU-Beihilfentatbestand und greifen keine Freistellungsmöglichkeiten ein, ist die Maßnahme zwingend bei der EK anzumelden. Das Notifizierungsverfahren muss durchgeführt werden. Die EK prüft sodann, ob es sich um eine Beihilfe handelt und ob diese auf der Basis der Ausnahmetatbestände des Art. 107 Abs. 2, 3 AEUV und der hierzu erlassenen Ausführungsvorschriften oder auf der Grundlage spezialrechtlicher Sonderregelungen genehmigt werden kann.

Folgen einer unzulässigen Beihilfe

Für Empfänger staatlicher Leistungen ist es wichtig, sich die Folgen unzulässiger Beihilfen bewusst zu machen. Dies gilt gerade auch für öffentlich finanzierte Hochschulen. Denn die Gewährung und der Erhalt unzulässiger Beihilfen kann – sofern dies bekannt wird – sowohl auf EU- als auch auf nationaler Ebene für den Begünstigten negative Konsequenzen nach sich ziehen.

Erfüllt eine staatliche Maßnahme den EU-Beihilfetatbestand und liegt keine Freistellung oder Genehmigung durch die EK vor, besteht – auf **Ebene der EU** – zum einen die Gefahr, dass es zu einer formalen Beihilfeprüfung durch die EK kommt. Die EK könnte auf den Sachverhalt entweder von sich aus – über Berichte in der Presse oder durch eine öffentlich geführte Diskussion in politischen Entscheidungsgremien – oder auch durch die Beschwerde von Wettbewerbern des Beihilfeempfängers aufmerksam werden. Kommt die EK zu dem Ergebnis, dass eine unzulässige Beihilfegewährung vorliegt, ordnet sie die Rückforderung der Beihilfe durch den gewährenden Mitgliedstaat an. Die Rückforderungsanordnung bezieht sich auf einen Zeitraum von zehn Jahren ab Beschluss der EK und ergeht in der Regel gemeinsam mit der Verpflichtung zur Verzinsung der Beihilfesumme für den gesamten Zeitraum ihrer Gewährung.

Auf **nationaler Ebene** hat der Bundesgerichtshof (BGH) in ständiger Rechtsprechung klargestellt, dass alle Rechtsakte, die der unzulässigen Beihilfegewährung zugrunde liegen, von Anfang an nichtig sind. Dies hat zur Folge, dass die der Beihilfe zugrunde liegenden Akte – wie zum Beispiel Zuwendungsbescheide gegenüber Universitäten und Hochschulen oder Bürgschaftserklärungen –

unwirksam sind und rückabgewickelt werden müssen. Diese Rechtsfolge tritt automatisch ein. Wettbewerber des Beihilfeempfängers können im Wege der zivilgerichtlichen oder der verwaltungsgerichtlichen Feststellungsklage vor den deutschen Land- oder Verwaltungsgerichten auf Feststellung der Nichtigkeit des konkreten Vertrags- oder Zuwendungsverhältnisses klagen [20].

Das Verbot der Quersubventionierung und die EU-beihilferechtliche Trennungsrechnung

Wie bereits dargestellt, ist bei der Einordung von Weiterbildung zu beachten, dass innerhalb der Hochschule der eine Tätigkeitsbereich wirtschaftlich sein kann, während ein anderer nichtwirtschaftlich ist [21]. Daher muss verhindert werden, dass durch öffentliche Mittel, die für den **nichtwirtschaftlichen** Bereich der Hochschulen vorgesehen waren, der **wirtschaftliche** Bereich finanziert wird. Diesem Zweck dient das Verbot der Quersubventionierung. Denn auch eine Quersubventionierung kann eine Beihilfe im Sinne des Art. 107 Abs. 1 AEUV sein und deshalb die Rechtsfolgen einer unzulässigen Beihilfe auslösen.

Gemäß Ziffer 2.1.1. Rn. 18 des sogenannten FuE-Rahmens der EK fällt die öffentliche Finanzierung der nichtwirtschaftlichen Tätigkeit einer Forschungseinrichtung, die sowohl wirtschaftliche als auch nichtwirtschaftliche Tätigkeiten ausübt, nicht unter das Beihilfeverbot des Art. 107 Abs. 1 AEUV,

> *„wenn die nichtwirtschaftlichen und die wirtschaftlichen Tätigkeiten und ihre Kosten, Finanzierung und Erlöse **klar voneinander getrennt** werden können, so dass keine Gefahr der Quersubventionierung der wirtschaftlichen Tätigkeit besteht.“ (EC, 2014[26])*[22]

Dies bedeutet im Umkehrschluss, dass der Beihilfetatbestand zu bejahen ist, wenn der wirtschaftliche Bereich durch den nichtwirtschaftlichen Bereich mit öffentlichen Mitteln finanziert wird. Denn dann greift eben das Verbot der Quersubventionierung. Übt die Forschungseinrichtung neben nichtwirtschaftlichen auch wirtschaftliche Tätigkeiten aus, muss sie zum Nachweis, dass die wirtschaftlichen Tätigkeiten nicht staatlich subventioniert werden, eine getrennte Rechnungsführung zwischen wirtschaftlichen und nichtwirtschaftlichen Tätigkeiten vornehmen.

Das **Gebot der Trennungsrechnung** bedeutet, dass sämtliche Einnahmen und Ausgaben klar zuzuordnen sein müssen. Nichtwirtschaftliche und wirtschaftliche Tätigkeiten und ihre Kosten, Finanzierung und Erlöse müssen klar voneinander getrennt werden können. Nur dann besteht keine Gefahr der Quersubventionierung der wirtschaftlichen Tätigkeit durch die nichtwirtschaftlichen Tätigkeiten.

Dem Verbot der Quersubventionierung muss sich die Hochschule aber nur dann stellen, wenn sie überhaupt wirtschaftliche Tätigkeiten ausübt und in Bezug auf diese Tätigkeiten als Unternehmen gilt. In Bezug auf die EU-beihilferechtliche Zulässigkeit der Weiterbildungsangebote von Hochschulen ist deshalb zunächst deren Einordung als wirtschaftlich oder nichtwirtschaftlich notwendig. Diese Einordnung wird im folgenden Kapitel diskutiert.

Quellennachweise

Bartosch, A. (2016), *EU-Beihilfenrecht, 2. Auflage.* [4]

Callies/Ruffert (ed.) (2016), *TEU/TFEU, 5. Auflage 2016.* [3]

EC (2016), *Commission Notice on the notion of State aid as referred to in Article 107(1) of the Treaty on the Functioning of the European Union, OJ C 262 of 19.07.2016.* [9]

EC (2014), *Commission Regulation (EU) No. 651/2014 of 17.06.2014 declaring certain categories of aid compatible with the internal market in application of Articles 107 and 108 of the Treaty.* [24]

EC (2014), *Communication from the Commission – Framework for State aid for research and development and innovation, OJ C 198 of 27.06.2014.* [26]

EC (2013), *Commission Regulation (EU) No 1407/2013 of 18.12.2013 on the application of Articles 107 and 108 of the Treaty on the Functioning of the European Union to de minimis aid.* [23]

EC (2012), *Commission Decision of 20.12.2011 on the application of Article 106(2) of the Treaty on the Functioning of the European Union to State aid in the form of public service compensation granted to certain undertakings entrusted with the operation, 2012/21/EU.* [25]

EC (2009), *Core provisions of the Treaty on the Functioning of the European Union (TFEU)*, https://ec.europa.eu/competition/state_aid/legislation/compilation/a_01_03_11_en.pdf. [2]

ECJ (2006), *Judgment of 23.03.2006, C-237/04*, BeckRS. [21]

ECJ (2004), *Judgment of 16.03.2004 – C-264/01*, BeckRS. [22]

ECJ (2002), *Judgment of 16.05.2002 – C-482/99, EuZW 2002, 468, 470.* [8]

ECJ (1999), *Judgment of 17.06.1999 – C-75/97*, BeckRS. [17]

ECJ (1999), *Judgment of 29.04.1999 – C-342/96*, BeckRS. [14]

ECJ (1996), *Judgment of 11.07.1996 – C-39/94*, BeckRS. [13]

ECJ (1994), *Judgment of 14.09.1994 – C-278/92*, BeckRS. [18]

ECJ (1993), *Judgment of 17.03.1993 – C-72/91.* [7]

ECJ (1991), *Judgment of 21.03.1991 – C-303/88*, BeckRS. [19]

ECJ (1988), *Judgment of 13.07.1988 –102/87*, BeckRS. [20]

ECJ (1982), *Judgment of 13.10.1982 – C-213/81.* [6]

ECJ (1980), *Judgment of 17.09.1980 – 730/79*, NJW. [16]

ECJ (1978), *Judgment of 24.01.1978 – 82/77.* [5]

ECJ (1974), *Judgment of 02.07.1974 – 173/73*, BeckRS. [15]

ECJ (1961), *Judgment of 23.02.1961 – 30/59, 72052*, BeckRS 2004. [11]

EuGH (1994), *Judgment of 15.03.1994 – C-387/92*, BeckRS 2004. [12]

Grabitz/Hilf/Nettesheim (ed.) (2016), *Das Recht der Europäischen Union, Werkstand: 59. Ergänzungslieferung Juli 2016.* [1]

Streinz (ed.) (2018), *EUV/AEUV, 3. Auflage 2018.* [10]

Endnoten

[1] Von Wallenberg/Schütte in: Grabitz/Hilf/Nettesheim, Das Recht der Europäischen Union, Werkstand: 59. Ergänzungslieferung Juli 2016, Art. 107 AEUV Rn. 10.

[2] Bartosch, EU-Beihilfenrecht, 2. Auflage 2016, Art. 107 AEUV Rn. 1 ff.; Cremer in: Callies/Ruffert, EUV/AEUV, 5. Auflage 2016, Art. 107 Rn. 10 ff.

[3] EuGH, Urteil vom 24.01.1978 – 82/77, Rn. 23-25 bei juris; EuGH, Urteil vom 13.10.1982 – C-213/81, Rn. 22 bei juris; EuGH, Urteil vom 17.03.1993 – C-72/91, Rn. 19 bei juris.

[4] EuGH, Urteil vom 16.05.2002 – C-482/99, EuZW 2002, 468, 470, Rn. 24.

[5] EuGH, Urteil vom 16.05.2002 – C-482/99, EuZW 2002, 468, 470, Rn. 37.

[6] Vgl. im Einzelnen: von Wallenberg/Schütte in: Grabitz/Hilf/Nettesheim, Werkstand: 59. Ergänzungslieferung Juli 2016, Art. 107 AEUV Rn. 33.

[7] Vgl. Bekanntmachung der Kommission zum Begriff der staatlichen Beihilfe im Sinne des Artikels 107 Absatz 1 des Vertrags über die Arbeitsweise der Europäischen Union, ABl. Nr. C 262 vom 19.07.2016, S. 1. Rn. 41ff.

[8] Vgl. *Koenig/Förtsch* in: Streinz, EUV/AEUV, 3. Auflage 2018, Art. 107 Rn. 62.

[9] EuGH, Urteil vom 23.02.1961 – 30/59, BeckRS 2004, 72052; EuGH, Urteil vom 15.03.1994 – C-387/92, BeckRS 2004, 76937, Rn. 13.

[10] EuGH, Urteil vom 11.07.1996 – C-39/94, BeckRS 2004, 76964, Rn. 60; Urteil vom 29.04.1999 – C-342/96, BeckRS 2004, 76583, Rn. 41; EuG, Urteil vom 21.01.1991 – T-129/95 u.a., BeckRS 1999, 55045, Rn. 104 ff.

[11] *Bartosch*, EU-Beihilferecht, 3. Auflage 2020, Art. 107 AEUV Rn. 135.

[12] EuGH, Urteil vom 02.07.1974 – 173/73, BeckRS 2004, 71968, Rn. 36/40; Urteil vom 17.09.1980 – 730/79, NJW 1981, 1152, 1152 f.

[13] Siehe dazu EuGH, Urteil vom 17.06.1999 – C-75/97, EuZW 1999, 534, 537, Rn. 47; Urteil vom 14.09.1994 – C-278/92, BeckRS 2004, 75925, Rn. 40; Urteil vom 21.03.1991 – C-303/88, BeckRS 2012, 80903, Rn. 27; Urteil vom 13.07.1988 – 102/87, BeckRS 2004, 70634, Rn. 19.

[14] EuGH, Urteil vom 23.03.2006, Rs. C-237/04, BeckRS 2006, 70228, Rn. 28 f. unter Bezugnahme auf die Urteile vom 23.04.1991 – C-41/90, NJW 1991, 2891, 2891f., Rn. 21; Urteil vom 21.09.1999 – C-

67/96, Rn. 7 – Albany; vom 12.09.2000, verbundene Rsen. C-180/98 bis C-184/98, Rn. 74 – Pavlov u.a., und vom 01.07.2006 – C-49/07, WuW 2008, 1129, 1130, Rn. 22.

[15] EuGH, Urteil vom 16.03.2004 – C-264/01, EuZW 2004, 241, 243, Rn. 46; EuG, Urteil vom 14.10.2004 – T-137/02, BeckRS, 2004, 78076, Rn. 50ff.

[16] Vgl. Bekanntmachung der Kommission zum Begriff der staatlichen Beihilfe, ABl. C 262 vom 19.07.2016, S. 1 ff., Rn. 218.

[17] Verordnung (EU) Nr.1407/2013 der Kommission vom 18.12.2013 über die Anwendung der Artikel 107 und 108 des Vertrags über die Arbeitsweise der Europäischen Union auf De-mimimis-Beihilfen, ABl. L 352 vom 24.12.2013, S. 1.

[18] Verordnung (EU) Nr. 651/2014 der Kommission vom 17.06.2014 zur Feststellung der Vereinbarkeit bestimmter Gruppen von Beihilfen mit dem Binnenmarkt in Anwendung der Artikel 107 und 108 des Vertrags über die Arbeitsweise der Europäischen Union, ABl. L 187 vom 26.06.2014, S. 1.

[19] 2012/21/EU: Beschluss der Kommission vom 20.12.2011 über die Anwendung von Artikel 106 Absatz 2 des Vertrags über die Arbeitsweise der Europäischen Union auf staatliche Beihilfen in Form von Ausgleichsleistungen zugunsten bestimmter Unter- nehmen, die mit der Erbringung von Dienstleistungen von allgemeinem wirtschaftlichem Interesse betraut sind, ABl. Nr. L 7 vom 11.01.2012, S. 3.

[20] Beispielhaft für die zivilrechtliche Feststellungsklage wegen unzulässiger Beihilfen: BGH, Urteil vom 12.10.2006 – III ZR 299/05, NVwZ 2007, 973; BGH, Urteil vom 24.10.2003 – V ZR 48/03, EuZW 2004, 254; BGH, Urteil vom 20.01.2004 – XI ZR 53/03, EuZW 2004, 252.

[21] So in der Rechtsprechung zum Beispiel EuGH, Urteil vom 01.07.2006 – C-49/07, BeckRS 2008, 70730, Rn. 25.

[22] Mitteilung der Kommission – Unionsrahmen für staatliche Beihilfen zur Förderung von Forschung, Entwicklung und Innovation, ABl. Nr. C 198 vom 27.06.2014, S. 1.

3 EU-beihilferechtliche Rahmenbedingungen für Weiterbildung

Dieses Kapitel gibt zunächst einen Überblick über die Kriterien zur Abgrenzung zwischen wirtschaftlichen und nichtwirtschaftlichen Tätigkeiten. Es erörtert den Unternehmensbegriff des EU-Beihilferechts im Hinblick auf die Weiterbildung an staatlichen Hochschulen. Es stellt die einschlägigen Urteile des Europäischen Gerichtshofs (EuGH) vor; es untersucht, wie die Beschlüsse des EuGH zu bildungsbezogenen Fällen das Verständnis des Beihilferechts beeinflussen können; und es erörtert, wie diese Urteile in Veröffentlichungen und Beschlüsse der Europäischen Kommission dargestellt werden. Die Auslegung der Unterscheidung zwischen wirtschaftlichen und nichtwirtschaftlichen Tätigkeiten an Hochschulen im KMK-Leitfaden wird ebenfalls erörtert. In diesem Kapitel werden auch die Ausnahmen und Befreiungen von den Beihilfevorschriften erläutert und aufgezeigt, wie sie auf die Weiterbildung anwendbar sind; außerdem wird erklärt, wie die Kosten eines Programms analysiert und Gebühren festgesetzt werden sollten, um im Rahmen der Beihilfevorschriften zu bleiben.

Einstufung von Weiterbildung als wirtschaftliche oder nichtwirtschaftliche Tätigkeit

Einer der Gründe für die Rechtsunsicherheit der Hochschulen bei der Verwendung öffentlicher Mittel für wissenschaftliche Weiterbildung ist, dass die Europäische Kommission (EK) keine Entscheidungen zur Weiterbildung im beihilferechtlichen Rahmen der Europäischen Union (EU) getroffen hat. Dies bedeutet, dass es notwendig ist, die Rechtsprechung des Europäischen Gerichtshofs (EuGH) und die Beschlüsse der EK zu verwandten Tätigkeitsarten zu analysieren und daraus abzuleiten, wie sie Fälle der Weiterbildung auslegen würden, wenn sie zur Entscheidung anstehen. Zu diesem Zweck untersucht diese Analyse die Rechtsprechung des EuGH und die Beschlüsse der EK, die Parallelen zur Weiterbildung aufweisen, und erörtert, wie Programme nach EU-Recht als "wirtschaftlich" (was bedeutet, dass sie nicht subventioniert werden dürfen) oder "nichtwirtschaftlich" (in diesem Fall gilt das Verbot staatlicher Subventionen nicht) eingestuft werden sollten. Über diese erste Klassifizierung hinaus werden weitere Kriterien und definierende Merkmale für die Beurteilung der Anwendbarkeit der Beihilfevorschriften auf ein Weiterbildungsprogramm herangezogen, was zu einer Reihe von Kriterien und Grundsätzen führt, die die Beurteilung der Anwendbarkeit des Beihilferechts auf die Weiterbildung untermauern.

Relevanz des Unternehmensbegriffs des EU-Beihilferechts für Weiterbildungsangebote staatlicher Hochschulen

Kapitel 2 hat aufgezeigt, dass die Unterscheidung zwischen nichtwirtschaftlichen und wirtschaftlichen Tätigkeiten entscheidend für den Unternehmensbegriff des EU-Beihilferechts ist. Ein Unternehmen ist danach jede eine wirtschaftliche Tätigkeit ausübende Einheit, unabhängig von ihrer Rechtsform und der Art ihrer Finanzierung (ECJ, 1991[1]).[1] Die Unternehmenseigenschaft setzt daher eine **wirtschaftliche Tätigkeit** voraus. Eine Hochschule ist kein Unternehmen im EU-beihilferechtlichen Sinne, wenn und soweit sie nichtwirtschaftliche Tätigkeiten ausübt. Die staatliche Finanzierung von nichtwirtschaftlichen Tätigkeiten ist zulässig. Grundsätzlich nicht durch den Staat finanziert werden sollen hingegen wirtschaftliche Tätigkeiten der Hochschule. Die Finanzierung von wirtschaftlichen Tätigkeiten mit staatlichen Mitteln unterliegt dem Beihilfeverbot.

Weiterbildung an Hochschulen gehört nicht zu den Kernbereichen hoheitlicher Tätigkeit, die von vornherein nichtwirtschaftlich sind (wie etwa die Landesverteidigung, polizeiliche Tätigkeiten oder der Strafvollzug) (Mestmäcker/Schweitzer, 2016[2]).[2] Deshalb kommt es auf die im Folgenden erörterten Abgrenzungskriterien zwischen wirtschaftlichen und nichtwirtschaftlichen Tätigkeiten an:

- das Bestehen privater Konkurrenz;
- die **Finanzierungsstruktur** und eine damit zusammenhängende Gewinnerzielungsabsicht;
- die Einbettung des jeweiligen Angebots in das **staatliche Bildungssystem**;
- ein mögliches **besonderes staatliches Interesse** an dem konkreten Angebot.

Eine weitere, für die Bewertung von Weiterbildungsangeboten der Hochschulen wichtige Präzisierung nahm der EuGH hinsichtlich der Bedeutung von Konkurrenz vor. Es kommt bei der Einstufung als **wirtschaftliche Tätigkeit** darauf an, ob die betreffende Tätigkeit auf einem Markt im Wettbewerb zu anderen oder potenziellen Wirtschaftsteilnehmern ausgeübt wird (ECJ, 2006[3]).[3] Konkurriert also das Angebot der betreffenden Einheit mit dem von Wirtschaftsteilnehmern, die den gleichen Zweck verfolgen, spricht dies für die Einstufung als wirtschaftliche Tätigkeit.[4] Dies ist vorliegend wichtig, weil Weiterbildungsangebote staatlicher Hochschulen mit denen privater Anbieter konkurrieren können.

Dies deutet darauf hin, dass Weiterbildung an Hochschulen zumindest prinzipiell entweder wirtschaftlich oder nichtwirtschaftlich sein kann, wobei möglicherweise einige Weiterbildungsprogramme die Kriterien für wirtschaftliche Aktivitäten erfüllen und andere nicht.

Die Einstufung von Weiterbildung als wirtschaftlich oder nichtwirtschaftlich ist aufgrund der Komplexität der oben genannten Kriterien und aufgrund der Art und Weise, wie sie in dem komplexen, vielschichtigen Rechtssystem der EU verstanden werden, nicht einfach. Daher wird in diesem Kapitel die Behandlung von Bildung in der Rechtsordnung analysiert, um die Grundsätze zu ermitteln, die den EuGH und die EK bei ihrer Auslegung des Status der Weiterbildung an den brandenburgischen Hochschulen leiten dürften, bevor zusammengefasst wird, wie die vier Kriterien auf den Fall der Hochschulweiterbildung anzuwenden sind.

EuGH-Rechtsprechung zum Dienstleistungsbegriff

EU-Verträge, -Verordnungen und -Richtlinien treffen keine ausdrückliche Entscheidung zur Einordnung von Weiterbildung als wirtschaftlich oder nichtwirtschaftlich. Jedoch hat sich eine Rechtsprechung des EuGH zum Dienstleistungsbegriff entwickelt, die gerade von der EK auf das EU-Beihilferecht übertragen wird. Diese Rechtsprechung bezieht sich auf Bildungs-, aber auch auf Weiterbildungsangebote.

Entwicklung der Rechtsprechung zum Dienstleistungsbegriff

Der EuGH hat noch nie unmittelbar über die EU-beihilferechtliche Einordnung von Weiterbildung entschieden. Die Frage der EU-rechtlichen Einordnung von Bildungsangeboten, insbesondere auch von Weiterbildungsangeboten, wurde zwar bereits mehrfach aufgeworfen. Dies jedoch nicht unmittelbar in Zusammenhang mit dem Beihilfeverbot des Art. 107 Abs. 1 AEUV, sondern mit dem Dienstleistungsbegriff des Art. 57 AEUV.

Dieser **Dienstleistungsbegriff** wird durch den AEUV im Rahmen der EU-Grundfreiheit definiert. Die Dienstleistungsfreiheit nach Art. 56 ff. AEUV gehört zu diesen Grundfreiheiten (ebenso wie etwa die Warenverkehrsfreiheit). Diese Grundfreiheiten dienen dazu, den Binnenmarkt in und zwischen den EU-Mitgliedstaaten zu verwirklichen. Dienstleistungen im Sinne der EU-Verträge sind gemäß Art. 57 Abs. 1 AEUV Leistungen, die in der Regel gegen Entgelt erbracht werden, soweit sie nicht den Vorschriften über den freien Waren- und Kapitalverkehr und über die Freizügigkeit der Personen unterliegen. Das Entgelt im Sinne dieser Vorschrift zeichnet sich nach der Rechtsprechung des EuGH dadurch aus, dass es die wirtschaftliche Gegenleistung für die betreffende Leistung darstellt (ECJ, 1988[4])[5].

In Kasten 3.1 sind die EuGH-Beschlüsse in Sachen Humbel und Edel (ECJ, 1988[4])[6], in Sachen Wirth (ECJ, 1993[5])[7], in Sachen Schwarz und Gootjes-Schwarz (ECJ, 2007[6])[8], in Sachen Zanotti (ECJ, 2010[7])[9] und in Sachen Kirschstein (ECJ, 2019[8])[10] aufgeführt. Die wesentlichen Teile der Urteilsbegründungen werden zunächst wiedergegeben und dann zueinander in Verhältnis gesetzt.

Kasten 3.1. EuGH-Rechtsprechung zur Bildung als Dienstleistung

Beschluss Humbel und Edel

Die erste Prüfung von Bildungsangeboten unter dem Dienstleistungsbegriff nahm der EuGH im Beschluss Humbel und Edel vor. Hier klagten die Eltern eines französischen Schülers, der in Belgien für den Sekundarschulbesuch eine Einschreibegebühr entrichten sollte. Von belgischen Schülern wurde eine solche Gebühr nicht verlangt. Die Eltern weigerten sich deshalb, die Gebühr zu zahlen. In diesem Fall kam es unter anderem auf die Einordnung des Unterrichts an der betreffenden belgischen Sekundarschule als Dienstleistung im Sinne des EU-Rechts an. Der EuGH verneinte die Dienstleistungseigenschaft mit der folgenden Begründung (ECJ, 1988[4]):

> *„Das Wesensmerkmal des Entgelts ist also, dass es die wirtschaftliche Gegenleistung für die betreffende Leistung darstellt, wobei die Gegenleistung in der Regel zwischen dem Erbringer und dem Empfänger einer Leistung vereinbart wird.*
>
> *Dieses Merkmal fehlt bei einem im Rahmen des nationalen Bildungssystems erteilten Unterricht. Zum einen will der Staat durch die Errichtung und Erhaltung eines solchen Systems keine gewinnbringende Tätigkeit aufnehmen; vielmehr erfüllt er dadurch auf sozialem, kulturellem und bildungspolitischem Gebiet seine Aufgaben gegenüber seinen Bürgern. Zum anderen wird dieses System in der Regel aus dem Staatshaushalt und nicht von den Schülern oder ihren Eltern finanziert.*
>
> *An der Natur dieser Tätigkeiten ändert sich nichts dadurch, dass die Schüler oder ihre Eltern manchmal Gebühren oder ein Schulgeld zahlen müssen, um in gewissem Umfang zu den Kosten für die Erhaltung der Funktionsfähigkeit des Systems beizutragen. Erst recht kann der bloße Umstand, dass die Zahlung einer Einschreibgebühr nur von ausländischen Schülern verlangt wird, keine solche Wirkung haben."*

Beschluss Wirth

In der Sache Wirth hatte der EuGH dann erneut über die Frage zu entscheiden, ob ein Bildungsangebot als Dienstleistung einzustufen sei. Der Kläger begehrte in diesem Fall als deutscher Staatsbürger vom deutschen Staat Ausbildungsförderung nach dem Bundesausbildungsförderungsgesetz (BAFöG). Er wollte ein Studium der Fachrichtung Jazz-Saxofon in den Niederlanden fördern lassen. BAFöG-Leistungen wurde ihm jedoch verweigert. Auch in diesem Fall verneinte der EuGH die Dienstleistungseigenschaft des betreffenden Studiengangs (ECJ, 1993[5]). Dazu aus der Begründung:

> *„Wie der Gerichtshof bereits festgestellt hat, besteht das Wesensmerkmal des Entgelts darin, dass es die wirtschaftliche Gegenleistung für die betreffende Leistung darstellt, wobei die Gegenleistung in der Regel zwischen dem Erbringer und dem Empfänger der Leistung vereinbart wird. In demselben Urteil hat der Gerichtshof entschieden, dass dieses Merkmal bei einem im Rahmen des nationalen Bildungssystems erteilten Unterricht fehlt. Zum einen will der Staat durch die Errichtung und Erhaltung eines solchen Systems keine gewinnbringende Tätigkeit aufnehmen; vielmehr erfüllt er dadurch auf sozialem, kulturellem und bildungspolitischem Gebiet seine Aufgaben gegenüber seinen Bürgern. Zum anderen wird dieses System in der Regel aus dem Staatshaushalt und nicht von den Schülern oder ihren Eltern finanziert. Der Gerichtshof hat hinzugefügt, dass sich an der Natur dieser Tätigkeit dadurch nichts ändere, dass die Schüler oder ihre Eltern manchmal Gebühren oder ein Schulgeld zahlen müssten, um in gewissem Umfang zu den Kosten für die Erhaltung der Funktionsfähigkeit des Systems beizutragen.*
>
> *Diese Erwägungen gelten auch für den Unterricht an einer Hochschule, die im Wesentlichen aus öffentlichen Mitteln finanziert wird.*
>
> *Wie aber das Vereinigte Königreich in seinen Erklärungen vorgetragen hat, werden zwar die meisten Hochschulen auf diese Weise finanziert, es gibt jedoch Hochschulen, die im Wesentlichen aus privaten Mitteln, insbesondere durch die Studenten oder deren Eltern, finanziert werden und einen Gewinn zu erzielen suchen. Wird der Unterricht in derartigen Einrichtungen erteilt, so wird er zur Dienstleistung im Sinne von Art. 60 EWVG. Das von diesen Einrichtungen verfolgte Ziel besteht nämlich darin, eine Leistung gegen Entgelt anzubieten.*
>
> *Aus dem Wortlaut der Vorlagefrage ergibt sich jedoch, dass sich das vorlegende Gericht nur auf den Fall bezieht, dass die Hochschule aus öffentlichen Mitteln finanziert wird und von Studenten nur Gebühren erhält.*
>
> *Auf den ersten Teil der ersten Frage ist daher zu antworten, dass der Unterricht an einer Hochschule, die im Wesentlichen aus öffentlichen Mitteln finanziert wird, keine Dienstleistung im Sinne von Art. 60 EWGV darstellt."*

Beschluss Schwarz und Goethes-Schwarz

Im Beschluss Schwarz und Goethes-Schwarz entwickelte der EuGH seine Rechtsprechung weiter. Die Kläger begehrten hier vom Finanzamt die Gewährung steuerlicher Vergünstigungen für das

Schuldgeld, das sie für den Schulbesuch ihrer Kinder in anderen EU-Mitgliedstaaten zahlten. Sie rügten, dass das deutsche Einkommensteuerrecht diese Vergünstigungen nur für den Besuch bestimmter deutscher Privatschulen vorsehe. Dies verstoße gegen das EU-Recht. Zur Frage der Einordnung der Angebote der besuchten Privatschulen als Dienstleistungen fasste der EuGH zunächst die beiden oben genannten Beschlüsse zusammen, bevor er hinzufügte (ECJ, 2007[6]):

> *„Diese private Finanzierung braucht nicht hauptsächlich durch die Schüler oder ihre Eltern zu erfolgen. Nach ständiger Rechtsprechung verlangt Art. 50 EG nämlich nicht, dass die Dienstleistung von demjenigen bezahlt wird, dem sie zugutekommt.*
>
> *Nach den Angaben des vorlegenden Gerichts wurde allein das Schulgeld, das die Kläger des Ausgangsverfahrens für ihre beiden betroffenen Kinder an der Caddemuir School zahlten, auf mindestens DEM 10 000 pro Jahr geschätzt. Die deutsche Regierung macht geltend, dieser Betrag sei deutlich höher als der Betrag, den Privatschulen verlangten, die in Deutschland ansässig seien und unter § 10 I Nr. 9 EStG fielen.*
>
> *Da die Vorlageentscheidung keine genauen Angaben zur Finanzierungs- und Betriebsweise der Cademuir School enthält, hat das nationale Gericht auf jeden Fall zu prüfen, ob diese Schule im Wesentlichen aus privaten Mitteln finanziert wird."*

Beschluss Zanotti

Einen weiteren für diese Analyse besonders interessanten Beschluss traf der EuGH im Fall Zanotti (ECJ, 2010[7]). In dieser Sache ging es unmittelbar um ein Weiterbildungsangebot. Der Streit drehte sich ebenfalls um eine steuerliche Vergünstigung nach einzelstaatlichem (hier: italienischem) Recht, die in diesem Fall ein italienischer Anwalt nicht erhielt. Er hatte einen Master-Lehrgang im internationalen Steuerrecht am International Tax Center im niederländischen Leiden besucht. Die italienische Steuerbehörde weigerte sich, die nationale Regelung auf den Fall anzuwenden, nach der ein Betrag abgezogen werden dürfe, der von einer entsprechenden staatlichen Ausbildungseinrichtung möglicherweise verlangt worden wäre. Zu der Frage, ob das International Tax Center Dienstleistungen im Sinne des Unionsrechts erbracht habe, führte das Gericht in Bezug auf die vorhergegangenen Gerichtsbeschlüsse aus:

> *„Unterricht an Bildungseinrichtungen, die im Wesentlichen aus privaten Mitteln, insbesondere durch die Studenten oder deren Eltern, finanziert werden, hat der Gerichtshof dagegen als Dienstleistung im Sinne von Art. 50 EG eingestuft, da das von diesen Einrichtungen verfolgte Ziel darin besteht, eine Leistung gegen Entgelt anzubieten.*
>
> *Lehrgänge, die im Wesentlichen durch Personen finanziert werden, die eine Ausbildung oder berufliche Spezialisierung anstreben, sind daher als Dienstleistung im Sinne von Art. 50 EG anzusehen."*

Beschluss Kirschstein

Eine Gelegenheit, die bisherige Rechtsprechung zu überdenken, bot sich in einem weiteren Verfahren. In der Sache Kirschstein (ECJ, 2019[8]) hatte der EuGH mehrere Vorlagefragen zu beantworten, bei denen zu entscheiden war, ob entgeltlich erbrachte Leistungen, die der Hochschultätigkeit zugeordnet werden können, dem Dienstleistungsbegriff des Art. 57 AEUV unterfallen, wenn diese von privaten Einrichtungen angeboten werden, die mit Gewinnerzielungsabsicht handeln. Besondere Aufmerksamkeit verdient letztendlich weniger der Beschluss selbst, sondern der Schlussantrag des Generalanwalts *Bobek*. Der Generalanwalt nutzte in seinem Schlussantrag die Gelegenheit, die Abgrenzungskriterien der Rechtsprechung einer aktuellen Betrachtung zu unterziehen.[11] Er stellte deren verallgemeinernde Bewertung in Frage. Die scharfe Grenze zwischen staatlichen und privaten Universitäten könne in der heutigen Hochschullandschaft nicht mehr gelten. Denn auch staatlich organisierte Hochschulen begäben sich immer mehr in den Bereich privatwirtschaftlicher Tätigkeit.[12] Er schlug deshalb vor, die Unterscheidung zwischen privatrechtlichen und öffentlichen Konstrukten aufzulösen. Hierzu könne eine Parallele zum Gesundheitswesen gezogen werden. Denn auch im Gesundheitswesen seien sowohl private als auch öffentliche Anbieter gleichermaßen tätig, deren Leistungen einheitlich als nichtwirtschaftliche Dienstleistung von allgemeinem Interesse eingeordnet werden, für die die Dienstleistungsfreiheit keine Anwendung findet. Parallel dazu biete es sich an, im Bereich des Hochschulrechts nach der Tätigkeit und nicht nach der Organisationsstruktur zu differenzieren. Deshalb schlug der Generalanwalt vor, in Zukunft zur Abgrenzung auf folgende Kriterien abzustellen.

Unterschieden werden sollte nach Auffassung des Generalanwalts Bobek:

- nach jeder einzelnen Tätigkeit (insbesondere jedem Studiengang);
- nach der Bildungsebene, da nur bei Grund- und Sekundarunterricht der soziale Charakter der Bildung deutlich werde, nicht hingegen im Hochschulbereich;
- nach der Finanzierung des Studiengangs und der Frage der Gegenleistung, wobei hier folgende Aspekte eine Rolle spielten:
  - die Kostentragung (nicht ausschließlich und unmittelbar vom Kunden); und
  - die Ausgestaltung des Marktes (je größer der Markt für einen Studiengang [national, europäisch, global], desto weniger könne davon ausgegangen werden, dass eine besondere und einmalige soziale und kulturelle Zielsetzung verfolgt werde).

Der EuGH ging in seinem Beschluss auf diese vorgeschlagenen Kriterien jedoch nicht ein, sondern führte nur unter Bezugnahme auf die bisherige Rechtsprechung aus:

> *„Des Weiteren ergibt sich aus der Rechtsprechung des Gerichtshofs, dass die entgeltliche Durchführung von in das Hochschulwesen fallenden Leistungen durch Einrichtungen, die im Wesentlichen aus privaten Mitteln finanziert werden und einen Gewinn zu erzielen suchen, eine solche wirtschaftliche Tätigkeit darstellt..."*

Quellen: ECJ (1988[4]), Judgment of 27.09.1988 – C-263/86, BeckRS 2004, 72754, marginal 17 ff; ECJ (1993[5]), Judgment of 07.12.1993 – C-109/92, BeckRS 2004, 74113, marginal 15 ff; ECJ (2007[6]), Judgment of 11.09.2007 – C-76/05, NJW 2008, 351, 353, marginal 41 ff; ECJ (2010[7]), Judgment of 20.05.2010 – C-56/09, IStR 2010, 487, 488, marginal 32 f; ECJ (2019[8]), Judgment of 04.07.2019 – C-393/17, GRUR 2019, 846; Opinion of Advocate General at ECJ (2018), 15.11.2018 – C-393/17, BeckRS 2018.

Zusammenfassung der Kriterien der EuGH-Rechtsprechung

Betrachtet man die Beschlüsse in Kasten 3.1, so fällt die Kontinuität der Rechtsprechung seit dem Ausgangsbeschluss in Sachen Humbel und Edel ins Auge. Die sogenannten Humbel-Kriterien sind nach wie vor maßgeblich. Entscheidend dafür, Bildung nicht als entgeltliche Dienstleistung einzustufen sind danach folgende Merkmale:

- ein im Rahmen des **nationalen Bildungssystems** erteilter Unterricht;
- die **öffentliche Finanzierung** der betreffenden Einrichtung als Bestandteil des Bildungssystems im Gegensatz zur Finanzierung im Wesentlichen aus privaten Mitteln (Kirschstein-Beschluss), wobei Gebühren der Schüler oder Studenten noch keine private Finanzierung begründen, wenn diese nur in gewissem Umfang dazu beitragen, das öffentlich finanzierte System zu erhalten und;
- die **fehlende Gewinnerzielungsabsicht** im Gegensatz zu einem gewinnorientierten Angebot (siehe Zanotti- und Kirschstein-Beschluss).

Das Kriterium der öffentlichen Finanzierung bestätigte der EuGH im Wirth-Beschluss. Auch eine Hochschule, die aus öffentlichen Mitteln finanziert werde und von den Studenten nur Gebühren erhalte, erbringe diesen gegenüber noch keine Dienstleistung. Die Eigenschaft der „öffentlichen Finanzierung“ entfiel also nicht bereits deshalb, weil die Studenten auch Gebühren entrichten mussten.

Auch in der Sache Schwarz schloss der EuGH sich im Wesentlichen den vorgenannten Beschlüssen an. Die private Finanzierung der Bildungseinrichtung sei entscheidend für eine Einstufung der Unterrichtsangebote als Dienstleistungen. Jedenfalls die Bildungsangebote privat finanzierter Bildungseinrichtungen können als Dienstleistungen im Sinne des Art. 57 AEUV angesehen werden.

Im Zanotti-Beschluss deutete der EuGH an, es könnten bei der Frage der Finanzierung einzelne „Lehrgänge" zu würdigen sein und nicht die Bildungseinrichtung insgesamt. Dies hätte zur Folge, dass auch die private Finanzierung einer einzelnen Lehrveranstaltung bereits eine Dienstleistung begründen könnte. Dies käme dem tätigkeitsbezogenen Ansatz des EU-Beihilferechts bereits nahe, der nicht die ganze Organisation ins Auge fasst, sondern einzelne Tätigkeiten als wirtschaftlich oder nichtwirtschaftlich einstuft. Jedoch ist die Formulierung des EuGH zu uneindeutig, um diese Folgerung mit letzter Sicherheit zu ziehen.

Hätte der EuGH schließlich in der Sache Kirschstein die Argumentation des Generalanwalts aufgenommen, wäre es notwendig geworden, zwischen den einzelnen Tätigkeiten einer Hochschule zu differenzieren. Insbesondere die Frage, ob in der entgeltlichen universitären Weiterbildung von Berufstätigen eine wirtschaftliche Tätigkeit im Sinne des EU-Beihilferechts liegt, die als solche in der EU-beihilferechtlichen Trennungsrechnung ausgewiesen werden müsste, hätte sich daran angeschlossen (siehe oben zum Verbot der Quersubventionierung und zum Gebot der Trennungsrechnung). Da der EuGH diese Linie nicht verfolgte, bleibt die Rechtsprechung diesbezüglich aber offen.

Übertragbarkeit der Rechtsprechung zur Dienstleistungsfreiheit auf das EU-Beihilferecht

Die Kriterien der Rechtsprechung in Sachen Bildung lassen sich im Grundsatz auch auf die Einstufung von Tätigkeiten im Bildungsbereich als wirtschaftlich oder nichtwirtschaftlich anwenden.

Für eine Übertragbarkeit spricht zunächst, dass sowohl die Dienstleistungsfreiheit der Art. 57 ff. AEUV als auch das Beihilfeverbot des Art. 107 Abs. 1 AEUV der Verwirklichung des Binnenmarkts dienen. Außerdem setzt der Begriff des Unternehmens im Sinne von Art. 107 Abs. 1 AEUV das Anbieten von Gütern oder Dienstleistungen voraus (Callies/Ruffert, 2016[9]).[13] Es liegt also nahe, den Dienstleistungsbegriff des EU-Beihilferechts genauso zu bestimmen wie den Dienstleistungsbegriff der Dienstleistungsfreiheit.

Ein deutlicher Widerspruch ergibt sich jedoch, wenn man genauer betrachtet, wie der EuGH Bildungsangebote unter dem Dienstleistungsbegriff prüft. Seit dem Beschluss in Sachen Humbel und Edel stellt er auf die Finanzierung der gesamten Bildungseinrichtung ab. Ist sie staatlich finanziert, verneint der EuGH das Vorliegen einer Dienstleistung. Gemäß der wettbewerbsrechtlichen EuGH-Rechtsprechung soll hingegen für den Unternehmensbegriff des EU-Beihilferechts die Art der Finanzierung gerade keine Rolle spielen (ECJ, 2006[10])[14]. Danach könnte ein Unternehmen im Sinne des EU-Beihilferechts auch dann vorliegen, wenn keine Dienstleistung im Sinne des Art. 57 AEUV angeboten wird.

Außerdem widerspricht das Abstellen auf die Finanzierung der gesamten Hochschule, wie es der EuGH tut, dem tätigkeitsbezogenen Ansatz des EU-Beihilferechts. Dieses will gerade innerhalb einer Organisation zwischen wirtschaftlichen und nichtwirtschaftlichen Tätigkeiten unterscheiden. Allerdings hat der EuGH im Zanotti-Beschluss wenigstens angedeutet, gegebenenfalls auch einen tätigkeitsbezogenen Ansatz verfolgen zu können.

Dennoch ist letztlich festzuhalten, dass die EK selbst von der Übertragbarkeit der Dienstleistungs-Rechtsprechung auf das EU-Beihilferecht ausgeht. Dies drücken ihre Veröffentlichungen zum EU-Beihilferecht deutlich aus. Stellvertretend dafür sei die sogenannte DAWI-Mitteilung der EK (EC, 2012[11])[15]:

> *„Nach der Rechtsprechung der Union kann die innerhalb des nationalen Bildungssystems organisierte öffentliche Bildung, die vom Staat finanziert und überwacht wird, als* ***nichtwirtschaftliche*** *Tätigkeit angesehen werden."*

Die EK überträgt hier also die Rechtsprechung zum Dienstleistungsbegriff auf den EU-beihilferechtlichen Begriff der (nicht)wirtschaftlichen Tätigkeit.

Auch der EFTA-Gerichtshof überträgt in seiner zwischen den EFTA- und EWR-Staaten Norwegen, Island und Liechtenstein maßgeblichen Rechtsprechung die „Humbel-Kriterien" der EuGH-Rechtsprechung zum Dienstleistungsbegriff auf das EU- Beihilferecht (EFTA Court, 2008[12]).[16]

Ein klarstellender Beschluss des EuGH ist zu dieser Frage bislang nicht ergangen. Deshalb lässt sich mit sehr guten Gründen vertreten, im Einklang mit der Kommissionspraxis die Kriterien der Rechtsprechung im Grundsatz auch auf die EU-beihilferechtliche Bewertung von Weiterbildungsangeboten anzuwenden. Dabei sind diese Kriterien dann aber mit dem tätigkeitsbezogenen Ansatz des EU-Beihilferechts auf die einzelnen Weiterbildungsangebote anzuwenden.

Einordnung durch die EK

Für die Hochschulen besonders maßgeblich ist die Einstufung von Weiterbildung durch die EK. Denn die EK ist die zuständige Aufsichtsbehörde, die die Einhaltung der Wettbewerbs- und Beihilferegeln überwacht und Verstöße sanktioniert[17]. Kasten 3.2 stellt einschlägige Veröffentlichungen der EK vor und Kasten 3.3 fasst einschlägige Beschlüsse der EK als Beihilfebehörde zusammen.

Veröffentlichungen der EU

Die Veröffentlichungen der EU sind keine bindenden Rechtsakte, an die die EK sich in jedem Fall halten muss. Sie sind keine eigenständigen, nach außen gerichteten Rechtsakte der EU und schränken also die Grundsätze des „allgemeinen" EU-Beihilferechts nicht ein. Ähnlich den nationalen Verwaltungsvorschriften dienen sie aber zur Beurteilung der Beihilfepraxis durch die EK.

Zu diesem Zweck enthalten die in Kasten 3.2 vorgestellten Veröffentlichungen Auslegungs- und Anwendungsregeln, insbesondere zu der Frage, welche Tätigkeiten von Universitäten keine wirtschaftlichen Tätigkeiten darstellen und deshalb staatlicher Förderung zugänglich sind. Außerdem geben sie Gestaltungshinweise, wie staatliche Zuwendungen für wirtschaftliche Tätigkeiten von Universitäten vereinbart werden können. Sie zeigen dadurch insgesamt, welche Grundsätze die EK nach aktuellem Stand befolgen möchte.

Kasten 3.2. Veröffentlichungen der EU, die Bildung als wirtschaftliche oder nichtwirtschaftliche Tätigkeit einordnen

DAWI Mitteilung

Die DAWI-Mitteilung enthält Anmerkungen dazu, wie Bildungsangebote als wirtschaftlich oder nichtwirtschaftlich eingeordnet werden können. Unter Verweis auf die EuGH-Rechtsprechung zum Dienstleistungsbegriff formuliert die EK, dass „*die innerhalb des nationalen Bildungssystems organisierte öffentliche Bildung, die vom Staat finanziert und überwacht wird, als nichtwirtschaftliche Tätigkeit angesehen werden kann.*" (EC, 2012[11])[18]

Zur Abgrenzung zwischen wirtschaftlichen und nichtwirtschaftlichen Tätigkeiten führt sie weiter aus:

> *„Diese öffentliche Bereitstellung von Bildungsdienstleistungen muss von Dienstleistungen unterschieden werden, die weitgehend von Eltern oder Schülern oder aus kommerziellen Einnahmen finanziert werden. So fallen beispielsweise kommerzielle Unternehmen, die Hochschulstudiengänge anbieten, die vollständig von dem Studierenden bezahlt werden, eindeutig in letztere Kategorie. In einigen Mitgliedstaaten können öffentliche Institutionen auch Bildungsdienstleistungen anbieten, die aufgrund ihrer Natur,*

> *Finanzierungsstrukturen und konkurrierender privater Organisationen als wirtschaftlich einzustufen sind." (EC, 2012[11])*[19].

FuE-Rahmen

Bei der Auslegung und Anwendung des EU-Beihilferechts auf dem Gebiet der Forschung und Lehre ist außerdem der Unionsrahmen für staatliche Beihilfen zur Förderung von Forschung, Entwicklung und Innovation (FuE-Rahmen) der EK zu berücksichtigen. Dieser enthält ebenfalls Kriterien für die Unterscheidung zwischen wirtschaftlichen und nichtwirtschaftlichen Tätigkeiten. Im FuE-Rahmen hat die EK insbesondere die Voraussetzungen und Ausnahmen definiert, unter denen Hochschulen mit öffentlichen Mitteln finanziert werden dürfen, ohne dass sie hierbei gegen das Beihilfeverbot gemäß Art. 107 AEUV verstoßen. Er beinhaltet daher nicht nur die Bedingungen, zu denen die EU-Mitgliedsstaaten und öffentlichen Einrichtungen Unternehmen zur Durchführung von Forschung, Entwicklung und Innovation beihilfekonform fördern können. Sondern er umfasst darüber hinaus auch Regeln, nach denen die EK angemeldete Beihilfen prüft. Im FuE-Rahmen hat die EK außerdem klargestellt, dass bestimmte von Universitäten und Forschungsorganisationen ausgeübte Tätigkeiten nicht in den Anwendungsbereich der Beihilfevorschriften fallen.

Zur Einstufung von Tätigkeiten der Hochschulen führt der FuE-Rahmen grundsätzlich aus, sie betrachte **primäre Tätigkeiten** von Forschungseinrichtungen und Infrastrukturen im Allgemeinen als nichtwirtschaftliche Tätigkeiten. Dazu zähle insbesondere auch:

> *„die Ausbildung von mehr oder besser qualifizierten Humanressourcen. Im Einklang mit der Rechtsprechung und Beschlusspraxis der Kommission und wie in der [Bekanntmachung der Kommission zum Beihilfebegriff] und in der DAWI-Mitteilung ausgeführt, gilt die innerhalb des nationalen Bildungswesens organisierte öffentliche Bildung, die überwiegend oder vollständig vom Staat finanziert und überwacht wird, als nichtwirtschaftliche Tätigkeit." (EC, 2014[13]).*[20]

Bekanntmachung der EK zum Begriff der staatlichen Beihilfe

Eine weitere Auslegungshilfe ist die Bekanntmachung der EK zum Beihilfebegriff (EC, 2016[14]).[21] Darin geht die EK ausdrücklich darauf ein, welche Tätigkeiten nach ihrer Auffassung als wirtschaftliche und welche als nichtwirtschaftliche angesehen werden könnten. Viele ihrer Formulierungen finden sich bereits im FuE-Rahmen.

Zunächst führte die EK ihre Auffassung unter Verweis auf die EuGH-Rechtsprechung allgemein aus (Rn. 28):

> *„Die innerhalb des nationalen Bildungssystems organisierte öffentliche Bildung, die vom Staat finanziert und beaufsichtigt wird, kann als nichtwirtschaftliche Tätigkeit angesehen werden. Hierzu hat der Gerichtshof festgestellt, dass der Staat ‚...durch die Errichtung und Erhaltung eines solchen staatlichen Bildungssystems, das in der Regel aus dem Staatshaushalt und nicht von den Schülern oder ihren Eltern finanziert wird, keine gewinnbringende Tätigkeit aufnehmen wollte, sondern vielmehr auf sozialem, kulturellem und bildungspolitischem Gebiet seine Aufgaben gegenüber seinen Bürgern erfüllte." (EC, 2016[14]).*[22]

Sodann betonte die EK, dass eine anteilige Finanzierung durch Unterrichts- oder Einschreibegebühren bei vorrangig staatlicher Finanzierung die Einstufung als nichtwirtschaftliche Tätigkeit nicht ändere (Rn. 29):

> *„Die nichtwirtschaftliche Natur der öffentlichen Bildung wird grundsätzlich nicht dadurch beeinträchtigt, dass Schüler oder ihre Eltern in manchen Fällen Unterrichts- oder Einschreibegebühren entrichten müssen, die zur Deckung der operativen Kosten des Systems beitragen. Solche finanziellen Beiträge decken oft nur einen Bruchteil der tatsächlichen Kosten der Dienstleistung ab und können daher nicht als Entgelt für die erbrachte Dienstleistung angesehen werden. Daher ändern sie nichts an der nichtwirtschaftlichen Natur einer allgemeinen Bildungsdienstleistung, die vorrangig aus staatlichen Mitteln finanziert wird. Diese*

> *Grundsätze gelten für öffentliche Bildungsleistungen wie Berufsausbildung, private und öffentliche Grundschulen sowie Kindergärten, nebenberufliche Lehrtätigkeiten an Hochschulen und Unterricht an Hochschulen."*

Dass im Umkehrschluss eine weitgehende Finanzierung durch Eltern oder Schüler oder aus kommerziellen Einnahmen eine wirtschaftliche Tätigkeit begründet, legt die EK im Anschluss dar (Rn. 30):

> *„Solche öffentlichen Bildungsdienstleistungen müssen von Dienstleistungen unterschieden werden, die weitgehend von Eltern oder Schülern oder aus kommerziellen Einnahmen finanziert werden. So fallen beispielsweise Hochschulstudiengänge, die vollständig von dem Studierenden bezahlt werden, eindeutig in die letztere Kategorie. In einigen Mitgliedstaaten können öffentliche Stellen auch Bildungsdienstleistungen anbieten, die aufgrund ihrer Natur, Finanzierungsstrukturen und der Existenz konkurrierender privater Organisationen als wirtschaftlich einzustufen sind."*

Vor dem Hintergrund dieser Grundsätze zählt die EK Tätigkeiten auf, die nicht in den Anwendungsbereich der Beihilfevorschriften fallen sollen. Insoweit wird auch der FuE-Rahmen wiedergegeben (Rn. 31):

> *„…ist die Kommission der Auffassung, dass bestimmte von Universitäten und Forschungseinrichtungen ausgeübte Tätigkeiten nicht in den Anwendungsbereich der Beihilfevorschriften fallen. Dies betrifft deren primäre Tätigkeiten, und zwar*
>
> *die Ausbildung von mehr oder besser qualifizierten Humanressourcen;*
>
> *die unabhängige Forschung und Entwicklung, auch im Verbund, zur Erweiterung des Wissens und des Verständnisses;*
>
> *die Verbreitung der Forschungsergebnisse."*

Quellen: EC (2012[15]), Mitteilung der Kommission über die Anwendung der Beihilfevorschriften der Europäischen Union auf Ausgleichsleistungen für die Erbringung von Dienstleistungen von allgemeinem wirtschaftlichem Interesse Text von Bedeutung für den EWR, *OJ C 8, 11.1.2012, p. 4*; EC (2014[13]), Mitteilung der Kommission — Unionsrahmen für staatliche Beihilfen zur Förderung von Forschung, Entwicklung und Innovation, *OJ C 198, 27.6.2014, p. 1*; EC (2016[14]), Bekanntmachung der Kommission zum Begriff der staatlichen Beihilfe im Sinne des Artikels 107 Absatz 1 des Vertrags über die Arbeitsweise der Europäischen Union, C/2016/2946, OJ C 262, 19.7.2016, p. 1.

Zusammenfassung der Kriterien der Kommissionsveröffentlichungen

Die Gesamtschau der drei in Kasten 3.2 vorgestellten Kommissionsveröffentlichungen ergibt, dass im Wesentlichen die EuGH-Rechtsprechung zum Dienstleistungsbegriff auf das EU-Beihilferecht übertragen wird. Die EK nimmt aber Ergänzungen und eigene Wertungen vor. Festzuhalten ist auch, dass wissenschaftliche Weiterbildung nicht ausdrücklich genannt wird. Es verbleibt also eine deutliche Anwendungsunsicherheit für Politik und Hochschulen.

Nach Auffassung der EK kann „Ausbildung" an Hochschulen grundsätzlich nichtwirtschaftlicher Natur sein. Ist das Konzept allerdings nicht darauf ausgerichtet, dass die Ausbildung zum Ersten überwiegend oder vollständig vom Staat finanziert und zum Zweiten vom Staat überwacht wird, greift diese Privilegierung nicht. Bemerkenswert ist, dass die EK im FuE-Rahmen bestimmte primäre Tätigkeiten von Hochschulen benennt, die in der Regel nichtwirtschaftlich seien.

Eine solche primäre Hochschultätigkeit ist die „Ausbildung von mehr oder besser qualifizierten Humanressourcen". Fraglich ist aber, ob dieser Tatbestand auch wissenschaftliche Weiterbildung an Hochschulen umfasst oder durch die Verwendung des Wortes „Ausbildung" nur die ursprüngliche (erste) Berufsqualifikation. Im Ergebnis gibt die offene Formulierung keinen klaren Aufschluss darüber, ob die EK auch die Weiterbildung als primäre Tätigkeit der Hochschulen versteht. Dafür spricht allerdings die Formulierung der Ausbildung „besser qualifizierten“ Humanressourcen. Denn Weiterbildung hat ja gerade den Sinn, bereits in irgendeiner Weise qualifizierte Personen „besser“ zu qualifizieren. Die Formulierung ist jedoch zu offen, um zu einem eindeutigen Ergebnis zu gelangen. Deshalb wäre hier ein klarstellender Beschluss der EK sehr wünschenswert.

Geht man davon aus, dass die Weiterbildung derzeit nicht sicher unter „Ausbildung von mehr oder besser qualifizierten Humanressourcen“ rubriziert werden kann, so kommt es auf die Abgrenzungskriterien an. Die EK beruft sich hier im Ausgangspunkt auf die Kriterien der Rechtsprechung. Also auf die Art der Finanzierung, die Gewinnerzielungsabsicht und die Einbettung ins staatliche Bildungssystem. Es wird aber deutlich, dass sie daneben weitere Kriterien für anwendbar hält. In der prägnanten Formulierung der EK geht es insgesamt um die Würdigung *„der Natur, der Finanzierungsstruktur und möglicher privater Konkurrenzorganisationen für die betreffende Dienstleistung.“* Gerade auch die Existenz konkurrierender privater Organisationen könne also eine wirtschaftliche Tätigkeit begründen. Dies passt zu der Rechtsprechung des EuGH, nach der es für wirtschaftliche Tätigkeiten allgemein gerade auch darauf ankommt, ob das betreffende Angebot mit dem von anderen Wirtschaftsteilnehmern konkurriert. Es bleibt jedoch offen, ob die EK private Konkurrenz bereits für eine **hinreichende** Bedingung hält, die **allein** eine wirtschaftliche Tätigkeit auch dann zu begründen vermag, wenn das jeweilige Weiterbildungsangebot etwa Teil des öffentlichen Bildungssystems und darüber hinaus auch öffentlich finanziert ist.

Insbesondere die primären Hochschultätigkeiten nach dem FuE-Rahmen können nicht unmittelbar für die Einordnung von Weiterbildung herangezogen werden. Weiterbildung findet sich nicht unter den dort gegebenen Beispielen. Den Privilegierungen bestimmter nichtwirtschaftlicher Tätigkeiten ist aber im Vergleich zu den genannten wirtschaftlichen Tätigkeiten gemeinsam, dass sie erkennbar zu den primären Aufgaben der Hochschulen gehören und unabhängig von den Wünschen Dritter erbracht werden. Sie sind selbst dann nichtwirtschaftlich, wenn wie bei der privilegierten Tätigkeit des Wissenstransfers auch Entgelte erzielt werden, solange diese wieder in den nichtwirtschaftlichen Bereich fließen.

Tätigkeiten, die dagegen in Abhängigkeit von den und zielgerichtet auf die Interessen Dritter hin erbracht werden, sind wirtschaftlicher Natur, wie beispielsweise die im FuE-Rahmen genannte Auftragsforschung.

Maßgeblich ist aus Sicht der EK, ob es sich bei dem Weiterbildungsangebot um eine primäre Tätigkeit der Hochschule handelt. Je deutlicher sich das Weiterbildungsangebot aus einem spezifischen Bildungsauftrag ableiten lässt, desto eher kommt die Bewertung als nichtwirtschaftliche Tätigkeit in Frage. Dies korrespondiert auch mit der Formulierung des EuGH, dass Bildungsangebote „im Rahmen des staatlichen Bildungssystems“ keine Dienstleistungen seien. Die Einstufung der Weiterbildung lässt sich so allerdings noch nicht abschließend beurteilen.

Bei einer Betrachtung der Zielrichtung des EU-Beihilferechts drängt sich darüber hinaus eine Kritik an der Übernahme des Kriteriums der im Wesentlichen staatlichen Finanzierung durch die EK in das EU-Beihilferecht auf. Denn das EU-Beihilferecht legt Wert auf eine wirtschaftliche Betrachtungsweise, die an die Art der angebotenen **Leistung** anknüpft. Hingegen stellt es nicht auf die Art und Weise der **Finanzierung** ab.

Die EK wende im Rahmen der Beihilfeprüfung einen stärker wirtschaftsorientierten Ansatz, eine „verfeinerte wirtschaftliche Betrachtungsweise“[23] an (EC, 2005[16]) (EC, 2009[17]) (EC, 2009[18]).Die Notwendigkeit einer solchen wirtschaftlichen Betrachtungsweise resultiert bereits aus dem Sinn und Zweck des EU-Beihilferechts. Dessen Primärziel ist es, Wettbewerbsverzerrungen innerhalb des Binnenmarktes sowie die Beeinträchtigung des Handels zwischen den Mitgliedstaaten zu verhindern (Bartosch, 2016[19])[24]. Die Frage des Vorliegens von Wettbewerbsverzerrungen lässt sich letztendlich nur dann beantworten, wenn die jeweiligen Wettbewerbsverhältnisse auf dem betreffenden Markt sowie die jeweiligen wirtschaftlichen Auswirkungen betrachtet werden.

Auch der EuGH geht in seiner Rechtsprechung von einer wirtschaftlichen Betrachtungsweise aus. Dem Gericht zufolge ist EU-beihilferechtlich zu prüfen, ob eine staatliche Maßnahme im Rahmen einer bestimmten rechtlichen Regelung geeignet ist, *„bestimmte Unternehmen oder Produktionszweige im Sinne des Artikels 92 Absatz 1 EG-Vertrag gegenüber anderen Unternehmen, die sich im Hinblick auf das mit der betreffenden Maßnahme verfolgte Ziel in einer vergleichbaren tatsächlichen und rechtlichen Situation befinden, zu begünstigen"*. (ECJ, 2001[20]) (ECJ, 2005[21])[25]

Ausgehend von den Zielen des EU-Beihilferechts und unter Zugrundelegung dieses zuvor geschilderten Verständnisses, sind die einzelnen Merkmale des EU-Beihilfetatbestandes auszulegen.

Auch im funktionalen EU-beihilferechtlichen Unternehmerbegriff zeigt sich, dass dem EU-Beihilferecht eine wirtschaftliche Betrachtungsweise zugrunde liegt. Abgestellt wird bei der Frage der Unternehmenseigenschaft allein auf die Ausübung einer wirtschaftlichen Tätigkeit, nicht hingegen auf die Rechtsform, Finanzierung oder Gewinnorientierung eines Unternehmens. Auch die Frage, ob eine Begünstigung vorliegt, ist mittels einer wirtschaftlichen Betrachtungsweise zu beantworten (Mederer, 2015[22])[26].

Auf dieser Basis steht mithin die wirtschaftliche Natur von Aktivitäten im Mittelpunkt. Nicht im Mittelpunkt steht dagegen die Frage, ob eine Aktivität staatlich finanziert und dadurch nichtwirtschaftlich wird. Denn das EU-Beihilferecht will gerade verhindern, dass wirtschaftliche Aktivitäten wettbewerbsverzerrend durch den Staat finanziert werden. Wenn daher der Staat durch eine Finanzierung eine Tätigkeit zu einer nichtwirtschaftlichen Tätigkeit macht, dann würde sie dem Anwendungsbereich des EU-Beihilferechts entzogen. Gerade das, was durch das EU-Beihilferecht verhindert werden sollte, würde dazu führen, dass die Tätigkeit durch staatliche Finanzierung dem Anwendungsbereich des EU-Beihilferechts entzogen würde. Die Folge: Das EU-Beihilferecht würde „ins Leere laufen".

Dennoch hat die EK das Kriterium der Finanzierungsstruktur in das EU-Beihilferecht übernommen. Angesichts dieser eindeutigen Kommissionspraxis sollte es in der Hochschulpraxis trotz der hier aufgezeigten Zweifel und Risiken entsprechend angewandt werden, bis es zu einer Klärung durch die EK oder den EuGH kommt.

EU-Beihilferechtliche Beschlusspraxis der EK

Besonders betrachtet werden muss auch die Beschlusspraxis der EK zur Einordnung von Weiterbildungsangeboten. Denn an diesen Beschlüssen lässt sich beobachten, dass die EK diese Kriterien jedenfalls nicht systematisch in jedem Fall anwendet. Es zeigt sich außerdem, dass sie der Nähe zum und der Einbettung in das staatliche Bildungssystem wesentliche Bedeutung zumisst (siehe Kasten 3.3).

Kasten 3.3. Beschlüsse der EK zur Anwendung der Kriterien über staatliche Beihilfe auf die Hochschulbildung

Prerov Logistics College, Tschechische Republik

In der Sache Prerov logistics college (EC, 2006[23]) ging es um eine tschechische Privathochschule, die durch die Tschechische Republik eine Subvention empfing. Diese private Hochschule durfte aufgrund einer Vereinbarung mit dem Staat als eine Einrichtung des tertiären Bildungssektors auftreten. Sie durfte daher einen akkreditierten Bachelor-Studiengang anbieten. Die Hochschule erzielte eigene Einkünfte durch Studiengebühren und verfügte unter anderem in Ressourcen ihrer Gründer über eigene finanzielle Mittel. Die genaue Finanzierungsstruktur wurde jedoch nicht in ihren Einzelheiten offengelegt.

Die EK entschied, dass diese Privatschule kein Unternehmen im Sinne des EU-Beihilferechts sei. Sie sei vielmehr Teil des staatlichen Bildungssystems. Die angebotenen Erziehungsprogramme sowie

Forschung, Entwicklung und sonstige Aktivitäten innerhalb des Studiengangs seien abhängig von staatlicher Zustimmung, hier durch das tschechische Erziehungsministerium. Andere Aktivitäten seien der Hochschule verschlossen. Darüber hinaus könnten mögliche Gewinne nur für Aktivitäten der Hochschule reinvestiert werden. Eine Gewinnausschüttung sei nicht möglich. Deshalb verneinte die EK eine Gewinnerzielungsabsicht. Insgesamt übe die Hochschule deshalb keine wirtschaftlichen Tätigkeiten aus. Vielmehr verfolge sie eine Rolle im Bildungssystem im allgemeinen Interesse.

Die EK stellte also im Gegensatz zur Rechtsprechung zum Dienstleistungsbegriff nicht entscheidend auf die Art der Finanzierung der Hochschule ab. Die mindestens anteilige Finanzierung durch private Mittel wurde auch nicht problematisiert. Das entscheidende Kriterium war hier die rechtliche Einbindung in das öffentliche Bildungssystem in Verbindung mit fehlender Gewinnerzielungsabsicht und die entsprechende staatliche Überwachung.

Private Stiftung der Liceu Conservatory, Spanien

Die EK entschied 2018 in der Sache der Privaten Stiftung der Liceu Conservatory (EC, 2018[24]), dass die Gewährung von Mitteln für die Durchführung eines staatlich anerkannten Bachelor-Studiengangs in Musik grundsätzlich keine Beihilfe darstelle, wenn es sich bei dem Angebot um einen Teil des staatlichen Bildungssystem handele. Dies wiederum hänge maßgeblich von der Einordnung in das staatliche Bildungssystem und die mehrheitliche Finanzierung ab.

Die EK wiederholte, dass dies auch gelte, wenn die Schüler oder Eltern einen Teil (im Sachverhalt rund 35 %) der für den Kurs notwendigen Gebühren zahlten, nicht aber wenn die Schüler oder Eltern mehrheitlich die Kosten des Studiengangs trügen. Auffällig an dem vorliegenden Sachverhalt war, dass der Bachelorstudiengang aber zugleich zu weniger als 50 % von dem Mitgliedsstaat finanziert wurde. Damit sei der Bachelorstudiengang nicht vollständig oder überwiegend durch staatliche Mittel finanziert und die EK äußerte deutliche Zweifel, ob es sich in diesem Fall nicht doch um eine Unternehmung i.S.v. Art. 107 AEUV handelte.

Die EK musste diese Frage jedoch nicht entscheiden, weil sie in dem Studiengang eine Maßnahme zur Wahrung der Kultur und Förderung der kulturellen Bildung i.S.v. Art. 53 AGVO sah. Damit sah die EK die Maßnahme als mit dem Beihilfeverbot vereinbar an.

Partium Knowledge Centre, Ungarn

Auch der Beschluss der EK in der Sache Partium Knowledge Center (EC, 2008[25]) betonte, dass die von einer öffentlich finanzierten Hochschule in Ungarn angebotenen Leistungen teilweise kostenlos seien, teilweise Einzelpersonen zugutekämen und nicht Unternehmen und, betreffend Leistungen im Bereich Forschung und Entwicklung, den einschlägigen Beispielen des FuE-Rahmens für nichtwirtschaftliche Tätigkeiten unterfielen.

BBC Digital Curriculum

Im Beschluss zum BBC Digital Curriculum (EC, 2003[26]) hat die EK wiederum betont, dass das Bestehen eines Marktes die wirtschaftliche Tätigkeit auch dann begründen könne, wenn die betreffende Leistung auf diesem Markt unentgeltlich angeboten wäre. Dies passt zu der besonderen Bedeutung der Konkurrenz, die auch der EuGH diesem Kriterium für den Unternehmensbegriff beimisst.

Quellen: EC (2006[23]), EC Decision of 08.11.2006, State aid No N 54/2006; EC (2018[24]), EC decision of 08.11.2018, State aid. 43700 (2018/NN) / C(2018) 7215; EC (2008[25]), EC decision of 26.11.2008, State aid No N 343/2008; EC (2003), EC decision of 01.10.2003, State aid No N 37/2003.

Der Beschluss in der Sache Prerov Logistics College könnte für die Gestaltung der Weiterbildung an brandenburgischen Hochschulen eine bedeutende Rolle spielen. Denn sie könnte bedeuten, dass die

Einbettung eines Weiterbildungsstudiengangs in das staatliche Bildungssystem für die EK wichtiger ist als die Frage der Finanzierungsstruktur. Jedoch ist ein solcher Schluss nicht mit letzter Sicherheit zu ziehen. Dazu ist gerade auch der Sachverhalt im vorliegenden Beschluss der EK zu wenig detailliert dargestellt.

Auslegung des EU-Beihilferechts durch den KMK-Leitfaden

Die Ständige Konferenz der Kultusminister der Länder in der Bundesrepublik Deutschland (Kultusministerkonferenz, KMK) hat die oben dargestellten Abgrenzungskriterien des EU-Beihilferechts bereits zur Kenntnis genommen und gewertet und als ein Ergebnis den „Leitfaden zur Unterscheidung wirtschaftlicher und nichtwirtschaftlicher Tätigkeiten von Hochschulen" (KMK, 2017[27]) veröffentlicht. Dieser Leitfaden soll den Hochschulen helfen, nichtwirtschaftliche von wirtschaftlichen Tätigkeiten zu unterscheiden. Er ist aber im Gegensatz zu Beschlüssen des EuGH und der EK nicht rechtsverbindlich. Trotzdem enthält er einige Hinweise zu Weiterbildungsangeboten.

Wann qualifiziert der KMK-Leitfaden Weiterbildung durch Hochschulen als wirtschaftlich?

Der KMK-Leitfaden will eine erste Orientierung zur EU-beihilferechtlichen Einordnung und Bewertung staatlicher Förderung von Forschungstätigkeiten, Entwicklungs- und Innovationstätigkeiten bieten. In erster Linie richtet er sich an Hochschulen als Einrichtungen für Forschung und Wissensverbreitung gemäß Ziffer 1.3 lit. ee FuE- Rahmen. Seine Nutzung als Leitfaden ersetzt selbstverständlich keine ordnungsgemäße EU-beihilferechtliche Einordnung von Weiterbildung an Hochschulen, aufbauend auf den FuE-Rahmen, zutreffend wie folgt (KMK, 2017[27]):

> *„Grundlage für die beihilferechtliche Unterscheidung zwischen wirtschaftlicher und nichtwirtschaftlicher Tätigkeit ist allein das Unionsrecht. Andere Alternativen, wie etwa das Kriterium der nationalen Steuerbarkeit oder die Unterscheidung in hoheitliche versus nicht hoheitliche Aufgaben sind als Unterscheidungskriterien nicht geeignet, da sie im europäischen Vergleich nicht deckungsgleich sind und hoheitliche Aufgaben im Wesentlichen national definiert sind. Es bestehen zudem Ausnahmen, bei denen trotz Steuerbarkeit von nichtwirtschaftlichen Leistungen auszugehen ist. Darüber hinaus sind die Zielsetzungen des europäischen Unionsrahmens und des nationalen Steuerrechts nicht deckungsgleich." (KMK, 2017[27]).*

An diese Aussage schließt sich die folgende, für die Beurteilung von Weiterbildung wichtige Schlussfolgerung der KMK an:

> *„Ob eine Bildungsdienstleistung wirtschaftlicher Natur ist, hängt demzufolge neben der Struktur der Finanzierung der Angebote auch von der Gewinnerzielungsabsicht des Anbieters und auch davon ab, wie der Bildungssektor in dem betreffenden Mitgliedsland organisiert ist und ob ein spezifisches öffentliches Interesse an den Angeboten besteht. Bei der Beurteilung der Frage, ob entgeltfinanzierte Bildungsangebote privater Hochschulen wirtschaftlich sind, ist daher auch deren Einbettung in das staatliche Bildungs- und Kontrollsystem zu berücksichtigen. Unterschiede in den Gegebenheiten in den Mitgliedsstaaten können unter bestimmten Umständen zu einer unterschiedlichen Beurteilung führen." (KMK, 2017[27]).*

Durch die Verwendung des Begriffs „Bildungsdienstleistung" wird zunächst deutlich, dass die KMK unter „Ausbildung" nicht allein die Erst-Ausbildung versteht, sondern den Begriff weit auslegt. Nach dieser Auslegung ist die Einordnung von Weiterbildung als nichtwirtschaftlich grundsätzlich möglich. Dies stellt den Versuch einer Konkretisierung des FuE-Rahmens dar, der nur von „Ausbildung" spricht. Denn in diesem bleibt schon fraglich, ob die „Ausbildung von mehr oder besser qualifizierten Humanressourcen" auch Weiterbildung umfasst oder durch die Verwendung des Wortes Ausbildung nur die ursprüngliche Berufsausbildung meint.

Wie der FuE-Rahmen stellt auch der KMK-Leitfaden auf die Struktur und die Finanzierung durch den Staat ab. Dies ergibt sich auch aus Ziffer 9 des KMK-Leitfadens. Dort führt der KMK-Leitfaden Fallbeispiele auf, die den Hochschulen als Auslegungshilfe dienen sollen und in der praktischen Umsetzung der Hochschulen eine wichtige Rolle spielen. Für den hier relevanten Bereich der Bildung werden zunächst grundständige Studiengänge und konsekutive Masterstudiengänge in Übereinstimmung mit der EuGH-Rechtsprechung dem nichtwirtschaftlichen Bereich zugeordnet, wenn sie innerhalb des nationalen Bildungswesens organisierte öffentliche Bildung darstellen, die überwiegend oder vollständig vom Staat finanziert und überwacht wird. Anhaltspunkte hierfür sind etwa kapazitative Berücksichtigung, Übereinstimmung mit der Landeshochschulplanung sowie Studienangebotszielvereinbarungen und Akkreditierungsgebot. Das soll selbst dann gelten, wenn diese grundständigen Studiengänge berufsbegleitend und gebührenfinanziert sind. Der KMK-Leitfaden hält in den Fallbeispielen insoweit fest:

> *„Erhebung von Gebühren steht der Einordnung nicht entgegen, soweit diese lediglich zur Deckung der operativen Kosten beitragen (durch besonderes Format bedingte Zusatzkosten z.B. Veranstaltungen am Wochenende, in den Abendstunden oder an besonderen Orten)." (KMK, 2017[27]).*

Dies spiegelt den Ansatz der EK wider, dass eine anteilige Gebührenfinanzierung von Bildung noch keine wirtschaftliche Tätigkeit begründet. Dies insbesondere dann, wenn die entsprechenden Bildungsangebote im staatlichen Bildungswesen organisiert sind. Die Differenzierung nach "operativen Kosten" findet sich jedoch nicht im FuE-Rahmen und stellt insoweit bereits eine Weiterentwicklung dar.

Mit Blick auf die „weiterbildenden Masterstudiengänge" nimmt die KMK eine Differenzierung vor, die allein an die Art und Weise der Finanzierung anknüpft. Aus Sicht der KMK ist auch ein weiterbildender Masterstudiengang als nichtwirtschaftlich einzustufen, wenn der Studiengang überwiegend staatlich finanziert (**Voraussetzung 1**) und staatlich überwacht (**Voraussetzung 2**) ausgestaltet ist. Eine überwiegende staatliche Finanzierung wird dann angenommen, wenn 50 % der Vollkosten vom Staat übernommen werden. Zur weiteren Begründung wird ausgeführt:

> *„Bei einer überwiegenden Finanzierung durch den Staat erfolgt die Zuordnung zum nichtwirtschaftlichen Bereich. Dadurch besteht die Möglichkeit der Förderung der Weiterbildung (auch fach- oder zielgruppenspezifisch) nach den bildungspolitischen Vorstellungen des jeweiligen Landes." (KMK, 2017[27]).*

Dagegen soll konsequent ein weiterbildender Masterstudiengang dem wirtschaftlichen Bereich zuzuordnen sein, wenn er nicht überwiegend staatlich finanziert wird. Denn in diesem Fall reiche, so die KMK, die staatliche Überwachung allein nicht aus, um die Klassifikation als nichtwirtschaftlich vorzunehmen. Dieser Grundgedanke der Klassifizierung von Weiterbildungsangeboten nach der Art und Weise der Finanzierung wird sodann im KMK-Leitfaden durchgehalten.

Die Differenzierung wird in dieser Form auch für die „Fortbildung" vorgenommen, wobei nach den weiterführenden Hinweisen hinzukommen soll, dass Fortbildung dann nichtwirtschaftlich sei, wenn für die Fortbildung „ein besonderes staatliches Interesse besteht (z.B. Lehrerbildung)". Ähnliches gilt für Sprachkurse, die nichtwirtschaftlich sein sollen, wenn an ihnen ein besonderes staatliches Interesse besteht und sie überwiegend staatlich finanziert sind.

Die KMK stellt neben der Struktur und Finanzierung damit auf ein weiteres Merkmal, nämlich ein „besonderes staatliches Interesse", ab. Ein besonders staatliches Interesse liegt somit zumindest in Teilen der Weiterbildung. Anknüpfen lässt sich die Einordnung von Weiterbildung als nichtwirtschaftlich daher an die Nähe zum staatlichen Bildungssystem. Dies lässt die Schlussfolgerung zu, dass es bei der Bewertung auch auf die Frage ankommt, ob das jeweilige Weiterbildungsangebot als Bildung im Rahmen des staatlichen Bildungssystems zu bewerten ist. Dieses Kriterium findet sich auch seit jeher in der EuGH-Rechtsprechung wieder (siehe Kasten 3.1).

Dagegen sollen Sprachkurse wiederum wirtschaftlich sein, soweit sie vollständig oder überwiegend gebühren- oder entgeltpflichtig sind. Bei „internen Weiterbildungsangeboten" wird sogar noch eine andere Form der Differenzierung gewählt: Wird diese durch Hochschulangehörige erbracht, soll sie nichtwirtschaftlich sein, bei der Zuhilfenahme Dritter jedoch wird sie wirtschaftlich. Eine weitere Begründung für diesen Ansatz der Differenzierung enthält der KMK-Leitfaden nicht.

Zusammenfassend ist damit festzuhalten, dass der KMK-Leitfaden bemüht ist, eine Lösung zu finden, nach der Hochschulen auch (berufliche) Weiterbildungsangebote in den nichtwirtschaftlichen Bereich einordnen können. Dabei knüpft die KMK maßgeblich an zwei Elemente an:

- Element 1: Die überwiegende staatliche Finanzierung des Angebots; und
- Element 2: Das besondere staatliche Interesse an dem Angebot durch die Hochschulen.

Diese Auslegung wird offenbar durch die bisherige EuGH-Rechtsprechung zum staatlichen Bildungswesen geprägt. Denn auch in dieser wird das staatliche Bildungssystem mit seiner staatlichen Organisation und dem dahinterstehenden staatlichen Interesse betont. Die überwiegende öffentliche Finanzierung soll offenbar den staatlichen Charakter des Angebots prägen und damit eine Einordnung in den nichtwirtschaftlichen Bereich ermöglichen.

Kritische Auseinandersetzung mit dem KMK-Leitfaden

Der KMK-Leitfaden spielt in der Praxis zu Recht eine wichtige Rolle. Denn er ermöglicht Abgrenzungen für die Hochschulen, die im Ausgangspunkt praktisch handhabbar sind. Das ist insbesondere mangels weitergehender Rechtsprechung oder Konkretisierung des Unionsrahmen durch die EK zwingend erforderlich.

Gleichwohl ist nicht zu übersehen, dass der KMK-Leitfaden sowohl dogmatische wie praktische Schwächen hat. Auf diese wird nachfolgend hingewiesen, wobei Empfehlungen zur Weiterentwicklung des Leitfadens für die Zukunft im Rahmen der Handlungsempfehlungen gegeben werden.

Das Merkmal der überwiegenden staatlichen Finanzierung

Verlangt man für nichtwirtschaftliche Tätigkeiten eine überwiegende staatliche Finanzierung, so stößt man auf einen EU-beihilferechtlichen Wertungswiderspruch.

Derzeit ist nach dem KMK-Leitfaden und dem FuE-Rahmen die überwiegende oder vollständige Finanzierung ein maßgebliches Kriterium dafür, ob die staatliche Finanzierung von Bildungsangeboten als unternehmerisch dem EU-Beihilferecht unterfällt. Er wurde bereits erwähnt, dass auf eine zumindest im Wesentlichen staatliche Finanzierung abzustellen, erscheint auf den ersten Blick jedoch widersprüchlich: Je stärker die staatliche Finanzierung der betreffenden Tätigkeit ausgeprägt ist, umso eher würde sie nach diesem Maßstab dem EU-Beihilferecht entzogen. Das EU-Beihilferecht will aber eine Verzerrung des Wettbewerbs durch staatliche Finanzierung gerade verhindern. Auf den zweiten Blick ist gleichwohl anzuerkennen, dass eine überwiegende staatliche Finanzierung auch für einen besonderen Gemeinwohlbezug des Weiterbildungsangebots spricht. Darin kommt der Grundgedanke zum Ausdruck, dass es für die EU-beihilferechtliche Einordung von wissenschaftlicher Weiterbildung maßgeblich auf den Gemeinwohlbezug ankommt.

Aufgrund des dynamischen Charakters des Unionsrecht und der Tendenz zur fortschreitenden Ökonomisierung ist es denkbar, dass das Kriterium der Finanzierung an Bedeutung in der Zukunft verliert (Marwedel, 2014[28]). Es wäre denkbar, dass dieses dann nur noch Indikator für das allgemeinere Kriterium des Gemeinwohlbezugs herangezogen wird. Dies würde bedeuten, dass eine Einordnung von Weiterbildung als nichtwirtschaftliche Tätigkeit möglich ist, auch wenn sie (vollständig) durch Entgelte für die Weiterbildung finanziert wird. Entscheidend scheint daher, dass begründet werden kann, dass das Weiterbildungsangebot im Einzelfall im Allgemeininteresse liegt. Hierbei ist auch die steigende Bedeutung von Weiterbildung in der EU zu beachten, die bereits in Kapitel 1 dargestellt wurde. Derzeit entspricht diese Einschätzung jedoch noch nicht den Kriterien des EU-Beihilferechts.

Wichtig erscheint auch eine andere Logik: Die Finanzierung der Weiterbildungsangebote sowie das „spezifische“ staatliche Interesse daran könnten auch Folge von einem fehlenden Angebot durch private Teilnehmer sein. Denn warum sollte der Staat ansonsten die Weiterbildungsangebote an den staatlichen

Hochschulen finanzieren? Es geht ihm um die Sicherung des Angebots, weil dieses auf dem deutschen Markt nicht reichhaltig genug oder gar nicht vorhanden ist.

"Spezifisches staatliches Interesse"

Nach dem KMK-Leitfaden ist Voraussetzung einer nichtwirtschaftlichen Tätigkeit durch Hochschulen im Bereich der Weiterbildung, dass an dem jeweiligen Bildungsangebot ein „spezifisches öffentliches Interesse" besteht (Leitfaden Ziffer 8). Dieses Kriterium lässt sich durch seine Unschärfe nur schwer anwenden.

Denn durch die besondere gesellschaftliche Bedeutung der Bildung dürfte grundsätzlich jede Tätigkeit der Hochschule in Bezug auf Weiterbildung im „staatlichen Interesse" liegen. Berufliche Bildung und insbesondere auch die berufliche Weiterbildung ist bereits ausdrückliches Ziel der EU und in Art. 166 Abs. 2, 2. Spiegelstrich AEUV und der Präambel des AEUV27 verankert. Zudem ist die steigende gesellschaftliche Bedeutung von Weiterbildung in der EU zu beachten. Weiterbildung gehört auch nach dem Hochschulrecht zu den Kernaufgaben. Während § 21 HRG a. F. festlegte, dass die Hochschulen Möglichkeiten der Weiterbildung entwickeln und anbieten sollen, ist nach der Novellierung in § 2 Abs. 1 HRG und – übereinstimmend in den Hochschulgesetzen der Länder – wissenschaftliche Weiterbildung den Hochschulen als Kernaufgabe neben Forschung und Lehre zugewiesen. Das brandenburgische Hochschulrecht hat die Aufgabe der Weiterbildung in § 25 BbgHG umgesetzt. § 25 BbgHG wiederholt den Auftrag der Hochschule zur Entwicklung und zum Angebot von Weiterbildungsstudien gemäß § 3 Abs. 1 S. 1 BbgHG.

Somit bietet das Handeln im staatlichen Interesse kein trennscharfes Kriterium für die Unterscheidung zwischen wirtschaftlicher und nichtwirtschaftlicher Tätigkeit. Die Nähe des jeweiligen Weiterbildungsangebots zum staatlichen Bildungsauftrag kann aber für die Einstufung als nichtwirtschaftlich, besonders in zweifelhaften Fällen, mitbestimmend sein.

Abschließende Bewertung des KMK-Leitfadens

Der KMK-Leitfaden betont im Einklang mit der EK vor allem die Finanzierungsstruktur von Weiterbildungsangeboten. Er führt jedoch auch besonders deutlich ein „spezifisches staatliches Interesse" als ein Abgrenzungskriterium an. So könnten etwa bestimmte Sprachkurse wie Programm des Deutschen Akademischen Auslandsdienstes (DAAD) aufgrund des besonderen staatlichen Interesses an ihnen bereits als nichtwirtschaftlich eingestuft werden (KMK, 2017[27]). Als Ergebnis ist festzuhalten, dass auch nach dem KMK-Leitfaden die eindeutige Einordnung von Weiterbildung als wirtschaftliche oder nichtwirtschaftliche Tätigkeit nicht in jedem Fall möglich ist. Deshalb fragt sich, ob der Leitfaden noch besser an die EU-rechtlichen Kriterien angepasst werden könnte, um den Hochschulen eine größere Rechtssicherheit zu verschaffen. Hierauf wird in Kapitel 5 noch näher eingegangen.

Bewertung anhand der EU-beihilferechtlichen Abgrenzungskriterien

Aus den obigen Ausführungen sind zwei Schlüsse zu ziehen.

Erstens stuft die EK die wissenschaftliche Weiterbildung nicht ausdrücklich als nichtwirtschaftliche Tätigkeit ein. Die Ausbildung von besser qualifizierten Humanressourcen gilt zwar in der Regel als nichtwirtschaftlich, jedoch kann nicht sicher gesagt werden, ob auch die Weiterbildung unter diesen Tatbestand fällt.

Daraus folgt **zweitens**, dass es mangels klarer Zuordnung auf einzelne Abgrenzungskriterien ankommt. Aus der Gesamtschau der EuGH-Rechtsprechung und der Kommissionspraxis ergibt sich, welche Kriterien die EK zurzeit bei der Einstufung von Weiterbildungsangeboten mit hoher Wahrscheinlichkeit anwenden würde. In der Formulierung der DAWI-Mitteilung und der Bekanntmachung zum Beihilfebegriff heißt es insofern:

> *„In einigen Mitgliedstaaten können öffentliche Stellen auch Bildungsdienstleistungen anbieten, die aufgrund ihrer Natur, Finanzierungsstrukturen und der Existenz konkurrierender privater Organisationen als wirtschaftlich einzustufen sind."*

Im Folgenden wird deshalb auf die vier zu Beginn dieses Kapitels genannten Hauptkriterien eingegangen:

- das Bestehen **privater Konkurrenz**;
- die **Finanzierungsstruktur** und eine damit zusammenhängende Gewinnerzielungsabsicht;
- die Einbettung des jeweiligen Angebots in das **staatliche Bildungssystem**;
- ein mögliches **besonderes staatliches Interesse** an dem konkreten Angebot.

Die drei Kriterien "Natur, Finanzierungsstrukturen und die Existenz konkurrierender privater Organisationen" sind nicht kumulativ zu verstehen. Vielmehr ist die Relevanz jedes Kriteriums einzelfallabhängig.

Da sich diese Gerichts- und Kommissionsbeschlüsse allerdings vor allem auf Bildungsangebote im Allgemeinen beziehen, lässt sich nicht mit letzter Sicherheit sagen, wie ihre Kriterien in Bezug auf Weiterbildungsangebote ausgelegt würden. Insbesondere bleibt die Rangfolge der herausgearbeiteten Kriterien unbestimmt.

Konkurrierende private Organisationen

Im Einklang mit der Rechtsprechung des EuGH zum Unternehmensbegriff kann es für die Einstufung von Weiterbildungsangeboten staatlicher Hochschulen darauf ankommen, ob das jeweilige Angebot auf dem Markt im Wettbewerb zu anderen Wirtschaftsteilnehmern angeboten wird. Ein Weiterbildungsangebot, das nicht in (wenigstens potenzielle) Konkurrenz zu privaten Organisationen tritt, hat EU-beihilferechtlich keine Bedeutung und ist deshalb eine nichtwirtschaftliche Tätigkeit. Dies ergibt sich bereits aus allgemeinen wettbewerbsrechtlichen Überlegungen, da der Schutz des Wettbewerbs vor Verzerrungen eine wesentliche Funktion des EU-Beihilferechts darstellt. Daher dürften die europäischen Organe geneigt sein, diesem Kriterium bei der Einordnung von Weiterbildung besondere Bedeutung beizumessen (Marwedel, 2014[28]). DAWI-Mitteilung und die Bekanntmachung der EK zum Beihilfebegriff sprechen hier noch genauer von der „Existenz konkurrierender privater Organisationen".

Der EuGH hat betont, dass die Konkurrenz zu anderen Wirtschaftsteilnehmern selbst dann wirtschaftliche Tätigkeiten begründen kann, wenn die jeweiligen Güter oder Dienstleistungen ohne die Absicht der Gewinnerzielung angeboten werden (ECJ, 2006[3])[28]. Dies unterstreicht die erhebliche Bedeutung, die das Gericht dem Kriterium des Wettbewerbs beimisst. Es lässt sich deshalb sehr gut vertreten, dass die EK ein Weiterbildungsangebot als wirtschaftlich einstufen würde, sobald es auf einem relevanten Markt im

Sinne des EU- Wettbewerbsrechts in Konkurrenz zu den Angeboten anderer Wirtschaftsteilnehmer tritt (EC, 1997[29]) (Marwedel, 2014[28]).

Finanzierungsstruktur und Gewinnerzielungsabsicht

Ein zweites wichtiges Kriterium stellt die Finanzierungsstruktur des jeweiligen Weiterbildungsangebots dar. Eine (mindestens) im Wesentlichen staatliche Finanzierung spricht für eine nichtwirtschaftliche Tätigkeit (so zuerst der EuGH in der Sache Wirth, siehe oben Kasten 3.1), wobei in Ermangelung einer hinreichend klaren Rechtsprechung aber auch nicht ausgeschlossen ist, dass der wirtschaftliche Charakter auch trotz einer überwiegenden staatlichen Finanzierung gegeben sein kann.

Weder der EuGH noch die EK geben vor, von welchem staatlichen Finanzierungsanteil an von einer im Wesentlichen staatlichen Finanzierung gesprochen werden kann. In der Literatur zur Weiterbildung wird vertreten, dass eine staatliche Finanzierungsquote von über 50 % der Vollkosten für einen bestimmten Kurs als „wesentlich" im Sinne der EuGH-Rechtsprechung anzusehen sei (Marwedel, 2014[28]). Hierfür spricht, dass bei zwei möglichen Finanzierungsquellen die „wesentliche" Finanzierungsquelle schon dem Wortlaut nach mehr als die Hälfte der Gesamtfinanzierung ausmachen muss. Bei einer staatlichen Finanzierungsquote von höchstens 50 % läge demnach keine im Wesentlichen staatliche Finanzierung vor.

Es könnte dann aber zugunsten einer nichtwirtschaftlichen Tätigkeit immer noch angeführt werden, dass ein Weiterbildungsangebot ohne Gewinnerzielungsabsicht betrieben werde. Also zwar mindestens zur Hälfte privat finanziert, aber insgesamt nur kostendeckend (Marwedel, 2014[28]). Dies birgt jedoch ein gewisses rechtliches Risiko. Denn der EuGH hat das Verhältnis der Finanzierungsquote zur Gewinnerzielungsabsicht nie geklärt. Die EK hat fehlende Gewinnerzielungsabsicht als Argument für nichtwirtschaftliche Tätigkeit aufgegriffen. Dies in starkem Zusammenhang zur Einbettung ins staatliche Bildungssystem. Daraus wird auch deutlich, dass es problematisch ist, die Abgrenzungskriterien isoliert voneinander zu betrachten.

Nach dem tätigkeitsbezogenen Ansatz des EU-Beihilferechts ist stets die Finanzierungsstruktur *einzelner Weiterbildungsangebote* zu prüfen. Die Rechtsprechung des EuGH zum Dienstleistungsbegriff (Kasten 3.1) stellt zwar in erster Linie darauf ab, dass das nationale Bildungssystem in der Regel durch den Staatshaushalt finanziert wird. Sie bezieht sich hierbei regelmäßig auf die jeweilige Bildungseinrichtung als gesamte Organisation. Die EK geht jedoch, gerade im FuE-Rahmen, von einer EU-beihilferechtlichen Unterscheidung einzelner Tätigkeiten aus. Da der beihilfenrechtliche Unternehmensbegriff nicht nach Rechtsformen, sondern wirtschaftlichen Einheiten differenziert, ist dem zu folgen.

Einbettung in das staatliche Bildungssystem („Natur" der Dienstleistung)

Die Einbettung in das jeweilige staatliche Bildungssystem ist ein weiteres Kriterium, das insbesondere durch die EK verwendet wird. Sie spricht auch von der „Natur" der jeweiligen Bildungsdienstleistung (siehe oben Kasten 3.3).

Im Grundsatz ist festzustellen, dass ein Bildungsangebot desto eher nichtwirtschaftlich ist, je stärker die Einbettung in das staatliche Bildungssystem und dessen Regelwerk ausfällt. Dies ist besonders deutlich geworden im Kommissionsbeschluss zum tschechischen Prerov Logistics College (EC, 2006[23]), die Kriterien darlegte, die für eine solche Einbettung sprachen. Es ging dabei um die staatliche Erlaubnis, als tertiäre Bildungseinrichtung aufzutreten und einen bestimmten Studiengang anzubieten. Außerdem fiel besonders ins Gewicht die geringe Handlungsfreiheit, sonstige Aktivitäten zu entfalten. Hinsichtlich der wissenschaftlichen Weiterbildung an staatlichen Hochschulen spricht einiges für eine nichtwirtschaftliche „Natur". Es handelt sich um die Erfüllung eines staatlichen Weiterbildungsauftrags durch staatliche Einrichtungen, die staatlicher Anerkennung unterliegen und staatlicher Aufsicht unterstehen. Teilweise werden staatliche Abschlüsse verliehen (Master-Abschlüsse). Auch bei der Zusammenarbeit mit außerhochschulischen Einrichtungen bleiben etwa in Brandenburg die Hochschulen für Inhalte und Prüfungen verantwortlich (§ 25 Abs. 4 BbgHG).

Besonderes öffentliches Interesse

Schließlich ist auch das Kriterium des öffentlichen Interesses gesondert in den Blick zu nehmen. Ausdrücklich führt der KMK-Leitfaden dieses Kriterium auf. Der EuGH und die EK nennen das besondere öffentliche Interesse hingegen nicht als gesondertes Kriterium. Die Einbettung in das staatliche Bildungssystem und eine im Wesentlichen öffentliche Finanzierung stehen jedoch in Zusammenhang mit dem öffentlichen Interesse des jeweiligen Mitgliedstaats. Es erscheint deshalb nicht ausgeschlossen, dass das besondere öffentliche Interesse an Weiterbildungsangeboten in der Rechtsprechung des EuGH und der Praxis der EK künftig eine wichtigere Rolle spielen wird.

Das Kriterium des besonderen öffentlichen Interesses ist verhältnismäßig unscharf, wie die Diskussion des KMK-Leitfadens gezeigt hat. Denn aufgrund entsprechender politischer Ziele (siehe Kapitel 1) und Rechtsvorschriften liegt Bildung, gerade auch Weiterbildung, stets in öffentlichem Interesse. Sollte dieses Kriterium in Zukunft auch im EU- Beihilferecht bestimmend werden, würde also der Spielraum der Staaten zur Finanzierung von Weiterbildung sich stark erweitern. Es ist aber offen, ob die EK hierfür von dem „handfesten" Kriterium der Finanzierungsstruktur abrücken würde.

Rangfolge der Abgrenzungskriterien

Die Tatsache, dass es mehrere Abgrenzungskriterien gibt, stellt sich hier das Problem der Rangfolge. Aus den Veröffentlichungen und Beschlüssen der EK lässt sich nicht sicher ableiten, ob eine staatliche Finanzierung auch dann eine nichtwirtschaftliche Tätigkeit begründen kann, wenn das betreffende Angebot in Konkurrenz zu privaten Organisationen steht. Das ausdrückliche Ziel der Vermeidung von Wettbewerbsverzerrungen durch das EU-Beihilferecht spricht dafür, dass im Grundsatz eine öffentliche Finanzierung keine nichtwirtschaftliche Tätigkeit begründen kann, wenn das öffentlich finanzierte Angebot in Konkurrenz zu den Angeboten privater Organisationen steht. Diese Unklarheit bezüglich der Rangfolge der Kriterien stellt auch (Marwedel, 2014[28]) fest. Für ihn ist die Konkurrenz durch private Organisationen jedoch ebenfalls das wichtigste Kriterium, wenn auch kein Ausschlusskriterium:

> *„Ist also eine deutliche Konkurrenz durch private Organisationen gegeben, könnte die Kommission die Beanstandung staatlicher Zuschüsse für die universitäre Weiterbildung auch dann erwägen, wenn die Finanzierungsstruktur und die Natur des Bildungsangebots eigentlich eine nichtwirtschaftliche Tätigkeit. In den Bereichen, in denen vergleichbare Konkurrenzangebote bestehen, ist daher grundsätzlich von einer wirtschaftlichen Tätigkeit auszugehen. Mit gewichtigen Gegenargumenten bezüglich der Finanzierungsstruktur und ggf. der Natur der Bildungsdienstleistung kann hier aber dennoch im Einzelfall die Einordnung als nichtwirtschaftliche Tätigkeit begründet werden." (Marwedel, 2014[28]).*

Weitere Tatbestandsvoraussetzungen des Beihilfeverbots

Die wirtschaftliche Tätigkeit löst für sich allein genommen noch nicht das Beihilfeverbot des Art. 107 Abs. 1 AEUV aus. Weitere Tatbestandsmerkmale müssen erfüllt sein. Für die nachfolgenden Ausführungen wird eine solche Einordnung als wirtschaftliche Tätigkeit unterstellt. Dazu wird zunächst ausgeführt, ob eine geeignete **Preisgestaltung** das Beihilfeverbot – mithin das weitere Tatbestandsmerkmal der **„Begünstigung"** – auf der Seite der anbietenden Hochschule oder einer kooperierenden Weiterbildungseinrichtung entfallen lassen könnte. Daran anschließend wird das Tatbestandsmerkmal der **Marktverzerrung** und **Wettbewerbsverfälschung** für staatlich geförderte Weiterbildungsangebote beleuchtet.

Begünstigung und marktangemessene Gegenleistung durch Preisgestaltung

Führt die Einordnung des Weiterbildungsangebots in seiner konkreten Umsetzung zu einer wirtschaftlichen Tätigkeit der Hochschule, kann trotzdem der EU-Beihilfetatbestand entfallen, wenn keine Begünstigung eines Unternehmens vorliegt.

Hierbei ist zunächst zu differenzieren zwischen den verschiedenen Ebenen des EU-Beihilferechts. Begünstigtes Unternehmen kann entweder der Hochschule selbst sein oder eine Weiterbildungseinrichtung als Dritte.

Eine unmittelbare Beihilfe auf der „ersten Ebene“ an die wirtschaftlichen tätige Hochschule kommt in Betracht, wenn die Hochschule mit Hilfe staatlich finanzierter Infrastruktur und Personalstärke ihre Weiterbildungsmaßnahmen anbietet, die eingenommen Entgelte jedoch den tatsächlichen finanziellen Aufwand nicht decken und nicht in entsprechender Höhe zurückgeführt werden können.

Auch auf der sogenannten „zweiten Ebene“ kann eine mittelbare staatliche Beihilfe vorliegen. So kann eine Organisationen, die Weiterbildung anbieten und nicht teil des Hochschulbetriebs selbst ist, ein Weiterbildungsangebot aufgrund von vertraglicher Kooperationen mit einer Hochschule und einem gewerblichen Weiterbildungsbetrieb oder einer hochschulgetragenen gemeinnützigen Gesellschaft anbieten. Die Hochschulen würden dann auch selbst unternehmerisch tätig werden, wenn sie dem Dritten ihre Infrastrukturen zur Verfügung stellen. EU-beihilferechtlich ist das (nur) irrelevant, wenn die Hochschule für diese unternehmerische Tätigkeit ein marktangemessenes Entgelt für den Weiterbildungsbetrieb erhält. Dies gilt gleichermaßen für das Verhältnis der Hochschule zu eigenen Tochtergesellschaften, die Weiterbildung (unter engen Voraussetzungen) auch in Zusammenarbeit mit Weiterbildungseinrichtungen außerhalb des Hochschulbereichs anbieten (Im Land Brandenburg ist dies in § 25 Abs. 4 BbgHG geregelt).

Dieses Kapitel legt die Bedingungen für ein solches marktangemessenes Entgelt insbesondere für den Fall der Zusammenarbeit mit Dritten – gewerbliche Betriebe und/oder Tochtergesellschaften – dar. Dies beruht auch darauf, dass brandenburgische Hochschulen gemäß § 25 Abs. 4 BgbHG im Bereich der Weiterbildung mit außerhochschulischen Einrichtungen kooperieren dürfen.

Marktangemessenheit

Wie dargelegt, ist eine staatliche Leistung für eine wirtschaftliche Tätigkeit (nur) dann keine Begünstigung, wenn hierfür eine marktübliche Gegenleistung gezahlt wird. Eine Leistungserbringung zum Marktpreis kann nach dem FuE-Rahmen keine Begünstigung und damit keine Beihilfe sein. Somit ist zunächst im Einzelfall zu prüfen, ob beispielsweise die Überlassung der Infrastruktur an ein Unternehmen oder der Einsatz des Hochschulpersonals zur Umsetzung des Weiterbildungsangebotes zum Marktpreis erfolgt.

Sofern ein Marktpreis nicht existiert, ist ein Entgelt angemessen, das den Gesamtkosten der Dienstleistung entspricht und im Allgemeinen eine Gewinnspanne umfasst, die sich an den Gewinnspannen orientiert, die von den im Bereich der jeweiligen Dienstleistung tätigen Unternehmen im Allgemeinen angewandt werden. Zur Frage nach der Deckung der Gesamtkosten einschließlich einer angemessenen Gewinnspanne hatte der EuGH gefordert, dass zum Ausschluss des Vorliegens einer Beihilfe die entrichtete Vergütung die folgenden drei Elemente abdecken muss: i) alle variablen Zusatzkosten der Leistungserbringung, ii) einen angemessenen Beitrag zu den Fixkosten der Infrastruktur und iii) eine angemessene Vergütung des eingesetzten Eigenkapitals (ECJ, 2003[30]; Bartosch, 2016[19])[29].

Lediglich alternativ ist ein Entgelt angemessen, das das Ergebnis von nach dem „Arm's-length-Prinzip“ geführten Verhandlungen ist, bei denen die Forschungseinrichtung oder die Forschungsinfrastruktur in ihrer Eigenschaft als Dienstleister verhandelt, um zum Zeitpunkt des Vertragsschlusses den maximalen wirtschaftlichen Nutzen zu erzielen, wobei sie zumindest ihre Grenzkosten deckt. Unter Grenzkosten versteht die Betriebswirtschaftslehre die leistungsspezifischen Zusatzkosten, also die Kosten, die pro zusätzlich erbrachter Dienstleistung anfallen (Bartosch, 2016[19])[30]. Das „Arm's-length-Prinzip“ bedeutet gemäß Ziffer 15 lit. f des FuE-Rahmens,

> *„dass die Bedingungen des Rechtsgeschäfts zwischen den Vertragsparteien sich nicht von jenen unterscheiden, die bei einem Rechtsgeschäft zwischen unabhängigen Unternehmen festgelegt werden würden, und dass keine wettbewerbswidrigen Absprachen vorliegen. Wenn ein Rechtsgeschäft auf der Grundlage eines offenen, transparenten und diskriminierungsfreien Verfahrens geschlossen wird, wird davon ausgegangen, dass es dem Arm's-Length-Prinzip entspricht.“ (EC, 2014[31]).*

Zulässigkeit von Pauschalen

Für eine marktangemessene Gegenleistung können auch Pauschalen vereinbart werden.

Das EU-Beihilferecht nimmt dazu nicht klar Stellung. Rn. 21 des FuE-Rahmens formuliert lediglich:

> *„Wenn Forschungseinrichtungen oder Forschungsinfrastrukturen zur Ausübung wirtschaftlicher Tätigkeiten genutzt werden (z. B. Vermietung von Ausrüstung oder Laboratorien an Unternehmen, Erbringung von Dienstleistungen für Unternehmen oder Auftragsforschung), so gilt unbeschadet der Randnummer 20, dass die öffentliche Finanzierung dieser wirtschaftlichen Tätigkeiten grundsätzlich als staatliche Beihilfe angesehen wird.“ (EC, 2014[31]).*

In die gleiche Richtung geht die Rn. 25 des FuE-Rahmens, insbesondere dort die Formulierungen in den Aufzählungen:

> *„a) Die Forschungseinrichtung oder die Forschungsinfrastruktur erbringt ihre Forschungsdienstleistungen oder Auftragsforschung zum Marktpreis.*
>
> *b) Wenn es keinen Marktpreis gibt, erbringt die Forschungseinrichtung oder die Forschungsinfrastruktur ihre Forschungsdienstleistung oder Auftragsforschung zu einem Preis, der*
>
> *- den Gesamtkosten der Dienstleistung entspricht und im Allgemeinen eine Gewinnspanne umfasst, die sich an den Gewinnspannen orientiert, die von den im Bereich der jeweiligen Dienstleistung tätigen Unternehmen im Allgemeinen angewandt werden, oder*
>
> *- das Ergebnis von nach dem Arm's-length-Prinzip geführten Verhandlungen ist, bei denen die Forschungseinrichtung oder die Forschungsinfrastruktur in ihrer Eigenschaft als Dienstleister verhandelt, um zum Zeitpunkt des Vertragsschlusses den maximalen wirtschaftlichen Nutzen zu erzielen, wobei sie zumindest ihre Grenzkosten deckt.“ (EC, 2014[31]).*

Der Wortlaut stellt auf die Kalkulation der „Forschungsdienstleistung“, nicht der „Forschungsdienstleistung**en**“ ab. Die Betonung auf dem Singular legt den Schluss nahe, dass jede einzelne wirtschaftliche Tätigkeit einer Hochschule danach den vorgenannten Kalkulationskriterien entsprechen muss, da ansonsten ein Verstoß gegen das EU-Beihilferecht vorliegen würde.

Indes würde eine solche Betrachtung weder dem rechtlichen noch dem wirtschaftlichen Rahmen gerecht werden. In rechtlicher Hinsicht wäre dies deswegen zweifelhaft, weil ressourcenintensive Projekte und Weiterbildungsmaßnahmen (etwa die Nutzung von Maschinen und Laboren) voraussichtlich auch mit höheren „Rechnungsbeträgen“ in Form von Teilnahmebeträgen oder Kursgebühren an die Teilnehmer der Maßnahme, die die Weiterbildung nachfragen, verbunden sind. Wenn die Pauschalen für kostenintensivere Weiterbildungsmaßnahmen verhältnismäßig den abgeführten Kosten der Weiterbildungseinrichtung an die Hochschule für Weiterbildungsmaßnahmen entsprechen und sich in den Gesamtkosten der Hochschule anteilig wiederfinden, scheinen Pauschalbeträge für Weiterbildungsmaßnahmen gut vertretbar EU-beihilferechtlich möglich. Damit kann das kostenintensive Einzelprojekt wiederum auch den o.g. Kalkulationsanforderungen entsprechen. Mithin kann nicht von vornherein davon ausgegangen werden, dass eine Pauschale per se EU-beihilferechtswidrig ist[31].

Das EU-Beihilferecht ist vielmehr eine Rechtsmaterie, die notwendigerweise durch die wirtschaftliche Realität ausgefüllt wird. Das bedeutet: Das EU-Beihilferecht gibt einen Rahmen vor, den die wirtschaftliche Realität an Hochschulen und Forschungseinrichtung ausfüllen, aber nicht überschreiten darf. Es gibt daher auch keine Vorgaben des EU-Beihilferechts zu wirtschaftlichen Kennzahlen, etwa zu der Höhe von Gewinnzuschlägen, weil sich wirtschaftliche Realitäten je nach Mitgliedsland, Hochschule oder Forschungseinrichtung stark unterscheiden können.

Daneben folgt das EU-Beihilferecht auch insofern einem wirtschaftlichen Ansatz. Nicht im Vordergrund steht für das EU-Beihilferecht die Frage, wie die einzelnen kalkulatorischen Einzelschritte erfolgen, sondern ob sie im Ergebnis zu einer verursachungsrechten Kostenkalkulation führen und die oben genannten Rahmenbedingungen einhalten. Dies impliziert auch, dass die Regelungen des FuE-Rahmens zur Trennungsrechnung nur eine grobe Orientierung bieten. Sie sind Rahmen, die eingehalten werden müssen, aber nicht die Ausgestaltung im Konkreten vorzeichnen.

Mit anderen Worten: Die Hochschulen haben die Freiheit, innerhalb dieser Grenzen zu entscheiden, wie sie arbeiten, solange sie die Grenzen nicht überschreiten.

Orientiert an diesen wirtschaftlichen Realitäten, sind sachgerecht ermittelte Pauschalen, wie sie in der Praxis praktiziert werden, nicht von vornherein ausgeschlossen, wenn sie zu den Rechtsrahmen einhaltenden Ergebnissen führen. Dies gilt insbesondere dann, wenn sie eine verursachungsgerechte Umlegung von Kosten für die Inanspruchnahme auf Ressourcen zwischen der Hochschule und den an der Weiterbildungsmaßnahme Teilnehmenden oder den zwischengeschalteten Dritten zur Folge haben. Im Anhang A wird dargestellt, wie die Hochschulen die Kostenrechnung umsetzen könnten, um die hier erörterten Rahmenvorgaben zu erfüllen.

Zwischenergebnis

Eine Begünstigung und damit der Beihilfetatbestand kann entfallen, wenn die Hochschule ein marktangemessenes Entgelt verlangt. Ist der Marktpreis nicht bekannt, sind für solche Leistungen die Vollkosten inklusive eines angemessenen Gewinnaufschlags in Rechnung zu stellen. Alternativ ist ein Entgelt angemessen, das das Ergebnis von nach dem Arm's-length-Prinzip geführten Verhandlungen ist, bei denen die Forschungseinrichtung oder die Forschungsinfrastruktur in ihrer Eigenschaft als Dienstleister verhandelt, um zum Zeitpunkt des Vertragsschlusses den maximalen wirtschaftlichen Nutzen zu erzielen, wobei sie zumindest ihre Grenzkosten deckt.

Bei der Bestimmung der marktangemessenen Gegenleistung sind folgende Punkte bei der Zusammenarbeit mit einem Unternehmen im Rahmen von Weiterbildung besonders zu beachten:

- **Erstens:** Eine pauschale Abrechnung der marktangemessenen Gegenleistung erscheint EU-beihilferechtlich nicht ausgeschlossen. Eine solche Pauschale setzt aber ihre laufende Vor- und Nachkalkulation voraus, also ihre Plausibilisierung in einem periodischen Zeitrahmen und regelmäßige Überprüfung und gegebenfalls Anpassung der Pauschalsätze.
- **Zweitens:** Um diese Plausibilisierung vornehmen zu können, ist im Falle einer Kooperation mit einem Drittunternehmen eine Transparenz zwischen der Hochschule und dem Unternehmen, mit dem die Hochschule im Rahmen der Weiterbildung zusammenarbeitet, zwingend erforderlich.
- **Drittens:** Die Plausibilisierung der Kalkulation setzt voraus, dass auf der Ebene des Unternehmens nach den vorgenannten Grundsätzen die tatsächliche Inanspruchnahme von Ressourcen der Hochschule – und nicht lediglich die kalkulierte – in einem zumutbaren Maße erfasst werden und in einer Art und Weise der Hochschule offengelegt werden, die dort eine Plausibilisierung zulassen, sowohl hinsichtlich des Umfangs der Inanspruchnahme der hochschulischen Ressourcen wie auch die Art und Weise, wie die Ressourcennutzung überhaupt erfasst wird.

Wettbewerbsverzerrung und Beeinträchtigung des innergemeinschaftlichen Handels

Eine Marktverzerrung und eine daraus folgende Wettbewerbsverfälschung stellt eine Tatbestandsvoraussetzung des Beihilfeverbots dar. Für diese kommt es auf ein mögliches Wettbewerbsverhältnis zu anderen Marktteilnehmern an. Dies ist auch bei einem gemeinnützigen Unternehmen gegeben, welches in Konkurrenz zu anderen – gewinnorientierten – privaten Unternehmen tätig wird oder potenziell tätig werden kann (EC, 1998[32]) (EC, 1998[33]).[32]

Die Frage nach einer potenziellen Wettbewerbsverfälschung wurde einleitend ebenfalls an den Punkt der Einordnung einer Tätigkeit der Hochschule als wirtschaftlich oder nichtwirtschaftlich angeknüpft. Steht die Tätigkeit der Hochschulen, also das Weiterbildungsangebot, in deutlicher Konkurrenz zu privaten Weiterbildungseinrichtungen, steht die Einordnung einer eigentlich nichtwirtschaftlichen Tätigkeit als wirtschaftliche im Raum. Dies gilt nicht, wenn ohnehin keine potenzielle Wettbewerbssituation eintreten kann, es mithin keinen Markt für das Angebot gibt.

Sofern jedoch für den potenziellen „Nutzer" oder „Kunden" eine gleichwertige Möglichkeit besteht, die verschiedenen Weiterbildungsangebote äquivalent gegeneinander auszutauschen mit demselben Ausbildungserfolg (Zertifizierungen, Abschlusszeugnisse, Zulassungsbescheinigungen), zeichnet sich bei staatlicher Bezuschussung der Hochschulangebote und der damit einhergehenden Vergünstigung der Weiterbildungsmaßnahmen eine Verzerrung des Marktes zu Gunsten der geförderten Weiterbildungsangebote ab.

Als eigenständiges Tatbestandsmerkmal des Art. 107 Abs. 1 AEUV dient das Tatbestandsmerkmal der Marktverzerrung oder der Wettbewerbsverfälschung zudem insbesondere dazu, ein Weiterbildungsangebot im Einzelfall in den für eine Beihilferelevanz notwendigen zwischenmitgliedsstaatlichen Kontext zu setzen.

Eine Marktverzerrung ergibt sich jedoch nicht per se aus dem Vorliegen einer Begünstigung (dazu zuvor), sondern ist erst dann anzunehmen, wenn eine Wettbewerbsbeeinflussung mittels Marktpositionsverbesserung durch einen unmittelbar Begünstigten oder einen Dritten zum Nachteil eines anderen Marktteilnehmers, Konkurrenten, voraus (Lux-Wesener/Kamp, 2009[34])[33].

Sofern die Hochschulen nun aufgrund ihrer Förderung durch öffentliche Gelder oder durch Nutzung öffentlicher Ressourcen ihre jeweiligen marktgängigen Weiterbildungsangebote preisgünstiger anbieten können als Wettbewerber, könnte im Ergebnis eine (potenzielle) Beeinflussung des Wettbewerbes vorliegen. Nach Auffassung des EuGH ist für das Vorliegen des Tatbestands der Marktverzerrung kein genereller oder deutlicher Effekt auf den Markt erforderlich, lediglich das Potenzial der Beeinflussung eröffnet bereits den Tatbestand der Handelsbeeinflussung (ECJ, 2000[35]) (Soltész, 2011[36])[34].

Eine Einordnung der öffentlich angebotenen Weiterbildungsmaßnahmen der Hochschulen in den Bundesländern wird mithin bei einer Vielzahl der Fälle notwendig.

Hinzu kommt auf der tatbestandlichen Ebene das Merkmal der grenzüberschreitenden Tendenz im Rahmen der Marktbeeinflussung. Konkret stellt sich hierbei die Frage nach der Beeinträchtigung des zwischenstaatlichen Handels. Die dementsprechend grundsätzlich vorausgesetzte Beeinträchtigung des grenzüberschreitenden und zwischenstaatlichen Handels entfällt lediglich dann, wenn sich bei der geförderten wirtschaftlichen Tätigkeit um eine ausschließlich lokal agierenden oder nutzbare Weiterbildungsmaßnahme mit regional beschränkter Wirkung handelt (EC, 2012[11])[35]. Beispielhaft soll an dieser Stelle auf das Vorbild der Prerov Logistics College insgesamt zurückgegriffen werden, die ausschließlich Kurse in tschechischer Sprache mit regional ausgerichtetem Interesse anbot. Grenzüberschreitende Einschreibungen von Studierenden war aufgrund der geografischen Lage im Kernland zudem nicht zu erwarten. Deshalb führte die EK aus, dass die staatliche Förderung der Privatschule keinen Einfluss auf den (grenzüberschreitenden) Handel zwischen den Mitgliedstaaten hätte, selbst wenn man unterstellte, dass der Unternehmensbegriff des Art. 107 Abs. 1 AEUV erfüllt wäre (EC, 2006[23])[36].

Jedenfalls treten dann potenziell grenzüberschreitende Angebote ohne Möglichkeit der Erlangung eines staatlichen Hochschulabschlusses auf dem privaten Weiterbildungsmarkt in eine Wettbewerbssituation ein, sodass auch eine Wettbewerbsbeeinträchtigung als letztes Merkmal des Beihilfentatbestandes als eindeutig erfüllt zu sehen wäre. Gleiches gilt, wenn die Stellung des Weiterbildungsangebots ohne gleichwertige finanzielle Gegenleistung gewährt werden sollte.

Lediglich dann, wenn keine überregionale grenzüberschreitende Wettbewerbssituation – auch nicht potenziell – vorliegen könne, kann auch bei wirtschaftlicher Tätigkeit der Hochschulen eine Marktverzerrung oder Wettbewerbsverfälschung (Handelsbeeinträchtigung) ausgeschlossen werden.

Rechtfertigungsmöglichkeiten und Ausnahmen vom Beihilfeverbot

Erfüllt ein Weiterbildungsangebot alle Tatbestandsmerkmale des Art. 107 Abs. 1 AEUV, greift das Beihilfeverbot. Trotzdem kommen weitere Gestaltungsmöglichkeiten in Betracht, um Ausnahmen vom EU-Beihilfeverbot zu nutzen. Im Einzelnen sind dies die Freistellung der Beihilfe gemäß der Allgemeinen Gruppenfreistellungsverordnung (AGVO), die Einstufung als „De-minimis-Beihilfe", die Erfüllung der sogenannten 20 %-Klausel und die Gestaltung als Dienstleistung von allgemeinem wirtschaftlichen Interesse (DAWI). Alle vier in Betracht kommenden Ausnahmen werden im Folgenden dargestellt.

Freistellung der Beihilfe gemäß der Allgemeinen Gruppenfreistellungsverordnung (AGVO)

Im Einzelfall kann ein Weiterbildungsangebot, das die Tatbestandsmerkmale des Art. 107 Abs. 1 AEUV erfüllt gleichwohl nach der Verordnung (EU) 651/2014 vom 17. Juni 2014 zur Feststellung der Vereinbarkeit bestimmter Gruppen von Beihilfen mit dem Binnenmarkt in Anwendung der Artikel 107 und 108 des Vertrags über die Arbeitsweise der Europäischen Union (Allgemeine Gruppenfreistellungsverordnung, AGVO) vom Beihilfeverbot freigestellt sein. Die Anforderungen sind jedoch streng, so dass hier Unsicherheiten verbleiben. Im Einzelnen ist Folgendes sicherzustellen:

Zunächst sind die allgemeinen Anforderungen der AGVO zu beachten, welche in Kapitel I und Kapitel II (Art. 1 bis 12 AGVO) dargestellt sind. Dies bedeutet im Einzelnen:

- Beihilfen müssen „transparent" sein, Art. 5 AGVO. Die AGVO stellt dazu darauf ab, ob sich das „Bruttosubventionsäquivalent" ohne eine Risikobewertung berechnen lässt. Nach der AGVO gelten bestimmte Formen einer Beihilfe grundsätzlich als transparent (Art. 5 Abs. 2 AGVO). Handelt es sich u.a. um Zuschüsse, Zinszuschüsse, Garantien, Risikofinanzierungsmaßnahmen oder Beihilfen zu Unternehmensneugründungen gelten diese als „transparent" i.S.d. AGVO.
- Beihilfen müssen einen Anreizeffekt haben, Art. 6 AGVO. Beihilfen sollen gerade nicht für die Tätigkeiten gewährt werden, die ein Empfänger auch ohne Beihilfe unter Marktbedingungen durchführen würde.
- Beihilfen dürfen die Anmeldeschwellen des Art. 4 AGVO nicht überschreiten und müssen entsprechend dem Verfahren in Art. 9 und 11 AGVO angezeigt und veröffentlicht werden.

Erfüllt eine Beihilfe die aufgeführten Anforderungen, kann geprüft werden, ob einer der besonderen Tatbestände des Kapitel III der AGVO erfüllt ist.

Mit Blick auf Beihilfen für Weiterbildungsangebote, könnten insbesondere die folgenden Tatbestände von Interesse sein: Ausbildungsbeihilfen (Art. 31 AGVO), Beihilfen zum Ausgleich der Kosten für die Unterstützung benachteiligter Arbeitnehmer (Art. 35 AGVO), Beihilfen für Kultur und die Erhaltung des kulturellen Erbes (Art. 53 AGVO) oder Anlaufbeihilfen (Art. 22 AGVO)[37]. Dazu im Einzelnen in Kasten 3.4.

Kasten 3.4. Freistellung der Beihilfe gemäß der Allgemeinen Gruppenfreistellungsverordnung (AGVO)

Ausbildungsbeihilfen

Art. 31 AGVO sieht die Freistellung für Beihilfemaßnahmen vor, die die Aus- und Weiterbildung von Arbeitnehmern betreffen, ohne den Begriff Ausbildungsbeihilfe näher zu definieren. Die Freistellung ist 2014 aufgenommen worden, weil Unternehmen aus Angst vor einer Abwanderung der von ihnen qualifizierten Arbeitnehmer, vor einer weiteren – für die Gesellschaft im Ganzen vorteilhaften – Ausbildung ihrer Beschäftigen zurückschrecken könnten (Nowak, 2016[37])[38]. Umfasst sind zunächst alle Formen von Beihilfen, die Ausbildungsmaßnahmen betreffen, ausgeschlossen sind aber Beihilfen zu gesetzlich vorgeschriebenen Ausbildungsmaßnahmen (Art. 31 Abs. 2 AGVO), wie Sicherheitsschulungen, weil hier der durch die Beihilfen notwendige vermittelte Anreizeffekt fehlt (siehe Art. 6 AGVO; „sowieso- Kosten") (Nowak, 2016[37])[39]. Die Beihilfeintensität für Ausbildungsbeihilfen ist nach Art. 31 Abs. 4 AGVO auf 50 % beschränkt, wenn es sich nicht um

- Ausbildungsmaßnahmen von benachteiligten Arbeitnehmern (zusätzlich 10 %) und/oder;
- Beihilfen an mittlere Unternehmen (zusätzlich 10 %) oder;
- Beihilfen an kleine Unternehmen (zusätzlich 20 %) handelt;

und solange die Beihilfeintensität 70 % nicht überschreitet.

Beihilfefähige Kosten sind die Personalkosten für die Ausbilder (sowohl von externen als auch – anteilig – von im Unternehmen angestellten Ausbildern) (Bartosch, 2020[38])[40], die mit der Ausbildung verbundenen Kosten, die den Ausbildern entstehen (wie z.B. Reisekosten oder Materialien), Kosten für Beratungsdienste und die Personalkosten der Ausbildungsteilnehmer, während diese an der Fortbildung teilnehmen.

Bietet also eine Hochschule Aus- und Weiterbildungen an, die von Unternehmen genutzt werden, können einzelne Angebote von einer Freistellung profitieren und zu 50 % (bzw. maximal 70 %) durch eine Beihilfe gefördert werden. Dies könnte durch ein vergünstigtes Angebot einer Hochschule erfolgen, wenn alle einschlägigen Voraussetzungen des Kapitel I AGVO (insbesondere Transparenz, Art. 5 AGVO) gewahrt sind.

Benachteiligte Arbeitnehmer

Eine Freistellung auf Grundlage von Art. 35 AGVO kommt für Beihilfen zur Unterstützung benachteiligter Arbeitnehmer in Betracht. Diese Ausnahme konzentriert sich auf Beihilfen für zusätzliche Kosten, die durch die Unterstützung benachteiligter Arbeitnehmer entstehen. Für Weiterbildungsangebote von Relevanz könnte eine Beihilfe zur Ausbildung des für die Unterstützung von benachteiligten Arbeitnehmern benötigten Personals (Art. 35 Abs. 1 lit. b) AGVO) sein. Eine solche wäre unter der Voraussetzung der Einhaltung der in Kapitel I der AGVO aufgestellten allgemeinen Voraussetzungen vom Anwendungsbereich der AGVO umfasst.

Kulturelles Erbe

Eine Freistellung aufgrund von Art. 53 AGVO setzt voraus, dass die Beihilfe für die Erhaltung kulturellen Erbes geleistet wird.

Diese Ausnahme zielt insbesondere auf die Erhaltung kultureller Einrichtungen wie Museen, Theater oder Denkmälern. Umfasst sind aber auch Beihilfen für die Erhaltung des immateriellen Erbes, wie Brauchtum und Handwerk (Art. 53 Abs. 2 lit. c) AGVO), sowie Tätigkeiten im Bereich der kulturellen und künstlerischen Bildung (Art. 53 Abs. 2 lit. e) AGVO). Weiterbildungsangebote, die darauf zielen kulturelle oder künstlerische Bildung anzubieten, könnten dementsprechend unter den Voraussetzungen des Kapitel 1 der AGVO und den weiteren Voraussetzungen in Arts. 53 ff. AGVO freigestellt werden.

So hatte die EK auch in 2018 eine Förderung für einen von einer privaten Hochschule angebotenen Bachelor im Fach Musik als von Art. 53 AGVO umfasst angesehen (EC, 2018[24]). Erwägungsgrund 72 der AGVO stellt jedoch klar, dass Tätigkeiten mit einem kulturellen (Teil-)Aspekt dann nicht umfasst sind, wenn sie überwiegend einen kommerziellen Charakter haben. Eine Freistellung aufgrund von Art. 53 AGVO käme demnach unter Voraussetzungen in Betracht, wenn es sich um Angebote der kulturellen oder künstlerischen Bildung handelte. Dies dürfte jedoch nur im Ausnahmefall auf ein hochschulisches Weiterbildungsangebot zutreffen.

Anlaufbeihilfe

Eine Freistellung einer sogenannten Anlaufbeihilfe könnte *prima facie* für Fälle von Interesse sein, in denen das Weiterbildungsangebot von einem neu zu gründenden Unternehmen durchgeführt werden soll. Für eine Neugründung können gemäß Art. 22 Abs. 3 AGVO Kredite, Garantien und Zuschüsse gewährt werden, wobei hier nur die Zuschüsse in Form von Gesellschafterzuschüssen betrachtet werden. Zuschüsse dürfen grundsätzlich gewährt werden in Höhe von bis zu EUR 0,4 Mio. Bruttosubventionsäquivalent (BSÄ); je nach besonderer Konstellation/Fördergebiet nach Art. 107 AEUV ist auch eine Erhöhung möglich. Eine Erhöhung von bis zu EUR 600.000 ist bei Vorliegen der weiteren Voraussetzungen möglich, wenn der Zuschuss im Sinne von Art. 107 Abs. 3 lit. c AEUV *„die Entwicklung gewisser Wirtschaftszweige oder Wirtschaftsgebiete fördert, soweit sie die Handelsbedingungen nicht in einer Weise verändern, die dem gemeinsamen Interesse zuwiderläuft."*

Vorliegend ist es jedoch zweifelhaft, ob Weiterbildungsangebote einen Beitrag zur „Entwicklung" gewisser Wirtschaftszweige oder Wirtschaftsgebiete im Sinne von Art. 107 Abs. 3 lit. c AEUV leistet. Denn dafür müssten sie einen Anreiz darstellen, unternehmerisches Verhalten in Richtung eines bestimmten, allgemein anerkannten wirtschafts-, sozial- oder umweltpolitischen Zieles zu lenken. Dieser könnte – wie aus Art. 31 AGVO und dem Erwägungsgrund 53 der AGVO gelesen werden kann – bereits darin liegen, dass Unternehmen auf Weiterbildungen setzen, welche gesamtgesellschaftlich positive Effekte haben. Dies ist aber nicht eindeutig.

Arbeitet die Hochschule im Rahmen der Weiterbildung mit einem Unternehmen zusammen, kann es zudem sein, dass die Hochschule und das Unternehmen als sogenannte „verbundene Unternehmen" gelten und damit nach Art. 22 Abs. 1 AGVO nicht mehr unter den vorgenannten Regelbereich fallen. Dass dies der Fall ist, ist aufgrund der Regelungen im BbgHG naheliegend. „Verbundene Unternehmen" sind nach Art. 3 Abs. 3 Anhang I der AGVO Unternehmen, die zueinander in einer der folgenden Beziehungen stehen:

- ein Unternehmen hält die Mehrheit der Stimmrechte der Anteilseigner oder Gesellschafter eines anderen Unternehmens;
- ein Unternehmen ist berechtigt, die Mehrheit der Mitglieder des Verwaltungs-, Leitungs- oder Aufsichtsgremiums eines anderen Unternehmens zu bestellen oder abzuberufen;
- ein Unternehmen ist gemäß einem mit einem anderen Unternehmen geschlossenen Vertrag oder aufgrund einer Klausel in dessen Satzung berechtigt, einen beherrschenden Einfluss auf dieses Unternehmen auszuüben;
- ein Unternehmen, das Aktionär oder Gesellschafter eines anderen Unternehmens ist, übt gemäß einer mit anderen Aktionären oder Gesellschaftern dieses anderen Unternehmens getroffenen Vereinbarung die alleinige Kontrolle über die Mehrheit der Stimmrechte von dessen Aktionären oder Gesellschaftern aus.

Nach § 25 Abs. 4 BbgHG besteht – wie dargestellt – die Möglichkeit der Zusammenarbeit mit Einrichtungen der Weiterbildung außerhalb des Hochschulbereichs. Die Möglichkeiten der Hochschulen, sich der Weiterbildungsaufgabe durch eine Kooperation mit Einrichtungen außerhalb der Hochschulen vollständig zu entledigen, werden aber durch § 25 Abs. 4 BbgHG beschränkt (Herrmann, 2018[39]). Während der kooperierenden Einrichtung die organisatorische Durchführung und die Vermarktung des Weiterbildungsangebots übertragen werden können, bleiben die Hochschulen für Studieninhalte und Prüfungen verantwortlich. Zur Ermöglichung und Ausübung der Rechtsaufsicht ist eine Kooperationsvereinbarung dem für Hochschulen zuständigen Ministerium anzuzeigen. Die Hochschule hat also einen beherrschen Einfluss auf die kooperierende Einrichtung auszugestalten und nachzuweisen, sodass nach Art. 3 Abs. 3 AGVO ein verbundenes Unternehmen vorliegen dürfte.

Ein Berufen auf eine Freistellung gemäß der AGVO erscheint im Bereich der Weiterbildung nur in engem Umfang rechtssicher möglich, wenngleich die bestehenden Räume genutzt werden sollten..

Quellen: Nowak (2016[37]) in: Immenga/Mestmäcker, Wettbewerbsrecht, 5. Edition; Bartosch (2020[38]), EU-Beihilfenrecht, 3. Edition; EC (2018), EC decision of 08.11.2018, State aid. 43700 (2018/NN) / C(2018) 7215; Herrmann (2018[39]) in: Knopp/Peine/Topel (2018), Brandenburgisches Hochschulgesetz, 3. Auflage, § 25 Rn. 12.

Einstufung als „De-minimis-Beihilfe“

Ein Berufen auf die Vorgaben der De-minimis-Verordnung erscheint im Bereich der wissenschaftlichen Weiterbildung nicht praxisgerecht. Nach Art. 3 Abs. 1 De-minimis-Verordnung werden Beihilfemaßnahmen, die die Voraussetzungen dieser Verordnung erfüllen, als Maßnahmen angesehen, die nicht alle Tatbestandsmerkmale des Art. 107 AEUV erfüllen. Daher sind solche „De-minimis-Beihilfen“ von der Anmeldepflicht des Art. 108 Abs. 3 AEUV ausgenommen. Es bedarf also keines Notifizierungsverfahrens bei der EK; die Beihilfehilfe darf „einfach so“ gewährt werden. Das Problem für die Praxis der Hochschulen liegt jedoch im zulässigen Höchstbetrag dieser Beihilfen. Der Gesamtbetrag der einem einzigen Unternehmen von einem Mitgliedstaat gewährten De-minimis-Beihilfen darf aber nach Art. 3 Abs. 2 De-Minimis-Verordnung in einem Zeitraum von drei Steuerjahren EUR 200.000 nicht übersteigen. Dies dürfte in Bezug auf die Finanzierung von Weiterbildungsangeboten an Hochschulen eine zu niedrige Grenze sein.

Die 20 %-Klausel

Eine weitere Ausnahme zum Beihilfeverbot des Art. 107 AEUV bietet die sogenannte 20 %-Klausel des FuE-Rahmens (Rn. 20) für fast ausschließliche Nutzung einer Forschungseinrichtung oder Forschungsinfrastruktur für nichtwirtschaftliche Tätigkeiten. Allerdings bestehen hier auch bestimmte Herausforderungen, vor allem, weil in der Rechtsprechung einige Fragen nicht geklärt ist. Insbesondere können Probleme deshalb entstehen, weil die unterjährige Steuerung (Vermeidung der Überschreitung einer 20 %-Quote an wirtschaftlicher Nutzung) als besonders anspruchsvoll erscheint. Eine weitere Schwierigkeit besteht im Anwendungsbereich diese Privilegierung in Bezug auf Weiterbildung.

Hinsichtlich des Anwendungsbereichs der 20 %-Klausel trifft der FuE Rahmen nähere Angaben. Nach Ziffer 2.1.1. Rn. 20 des FuE-Rahmens gilt, dass bei fast ausschließlicher Nutzung einer Forschungseinrichtung oder Forschungsinfrastruktur für nichtwirtschaftliche Tätigkeiten die EK befinden kann, dass unter den nachfolgenden Bedingungen keine Beihilfeprüfung stattfindet. Die wirtschaftliche Nutzung der Forschungseinrichtung oder Forschungsinfrastruktur muss **eine Nebentätigkeit** darstellen, die mit dem Betrieb der Forschungseinrichtung oder Forschungsinfrastruktur **unmittelbar verbunden** und **dafür erforderlich** ist. Ob die Weiterbildung diese Bedingungen erfüllt, erscheint zunächst fraglich.

Alternativ kann der Mitgliedsstaat aber auch nachweisen, dass ein untrennbarer Zusammenhang zwischen den wirtschaftlichen und nichtwirtschaftlichen Tätigkeiten existiert[41]. Hier ließe sich anführen, dass im

Einzelfall zwischen den Inhalten eines Studiums und der darauf aufbauenden Weiterbildung ein untrennbarer Zusammenhang besteht.

In jedem Fall muss der Umfang der wirtschaftlichen Tätigkeit begrenzt sein.

Die EK hat in Rn. 20 des FuE-Rahmens auch eine Vermutung festgehalten:

> *„Für die Zwecke dieses Unionsrahmens geht die Kommission davon aus, dass dies[42] der Fall ist, wenn für die wirtschaftlichen Tätigkeiten dieselben Inputs (wie Material, Ausrüstung, Personal und Anlagekapital) eingesetzt werden wie für die nichtwirtschaftlichen Tätigkeiten und wenn für die wirtschaftlichen Tätigkeiten dieselben Inputs (wie Material, Ausrüstung, Personal und Anlagekapital) eingesetzt werden wie für die nichtwirtschaftlichen Tätigkeiten und wenn die für die betreffende wirtschaftliche Tätigkeit jährlich zugewiesene Kapazität nicht mehr als 20 % der jährlichen Gesamtkapazität der betreffenden Einrichtung bzw. Infrastruktur beträgt." (EC, 2014[31]).*

Die Voraussetzungen dieser Vermutung könnten Weiterbildungsangebote von Hochschulen im Grundsatz erfüllen und wären dann wohl – die Formulierung ist hier nicht ganz eindeutig – als Nebentätigkeit oder Tätigkeit in untrennbarem Zusammenhang zur Haupttätigkeit anzusehen. Pauschal lässt es sich jedoch nicht feststellen. Es kommt hier jeweils auf eine genaue Prüfung im Einzelfall an.

Hinsichtlich der Auslegung und Anwendung der Kapazitätsgrenze von 20 % bestehen jedoch in der Praxis Unsicherheiten, die bis zum gegenwärtigen Zeitpunkt weder durch die Rechtsprechung des EuGH noch durch Beschlüsse der EK einer Klärung zugeführt worden sind. Bislang liegen keine von der EK rechtsverbindlich verabschiedeten Kriterien ihrer Anwendung vor. Insbesondere ist offen, ob bezüglich der Kapazität als Bezugsgröße auf die Hochschule als ganze („Forschungseinrichtung", Definition siehe Ziffer 15 lit. ee FuE-Rahmen) oder abgrenzbare Einheiten innerhalb der Hochschule („Forschungsinfrastruktur", Definition siehe Ziffer 15 lit. ff FuE-Rahmen, worunter etwa auch Geräte, Archive und Infrastrukturen der Informations- und Kommunikationstechnologie fallen) abzustellen ist.

Die Kernfrage der Bezugsgröße lautet demnach: Kann sich eine einzelne Forschungseinrichtung in mehrere Untereinheiten, die jeweils Forschungsinfrastrukturen in diesem Sinne darstellen, unterteilen und muss dann für jede einzelne dieser „Untereinheiten" die 20 %-Grenze gelten – oder ist der Blick auf die Forschungseinrichtung „als Einheit" zu richten?

In jedem Fall ist eine Trennungsrechnung durchzuführen, um das Nicht-Überschreiten der Grenze belegen zu können. Die unter das 20 %-Kriterium fallenden wirtschaftlichen Tätigkeiten sind in der Trennungsrechnung als „privilegierte wirtschaftliche Tätigkeiten" gesondert auszuweisen (KMK, 2017[27]). In Bezug auf die Bagatellgrenze bei einer gemischten Nutzung von Infrastruktur für nichtwirtschaftliche und wirtschaftliche Tätigkeiten heißt es in Ziffer 207 der Bekanntmachung der EK zum Beihilfebegriff:

> *„Wenn die Infrastruktur im Falle einer gemischten Nutzung fast ausschließlich für eine nichtwirtschaftliche Tätigkeit genutzt wird, kann ihre Finanzierung nach Auffassung der Kommission ganz aus dem Anwendungsbereich der Beihilfevorschriften herausfallen, sofern die wirtschaftliche Nutzung eine reine Nebentätigkeit darstellt, d. h., wenn sie unmittelbar mit dem Betrieb der Infrastruktur verbunden und dafür erforderlich ist oder in untrennbarem Zusammenhang mit der nichtwirtschaftlichen Haupttätigkeit steht. Davon ist auszugehen, wenn für die wirtschaftliche Tätigkeit die gleichen Produktionsfaktoren (zum Beispiel Materialien, Ausrüstung, Personal und Anlagevermögen) erforderlich sind wie für die nichtwirtschaftliche Haupttätigkeit. Die Inanspruchnahme der Kapazität der Infrastruktur durch wirtschaftliche Nebentätigkeiten muss in ihrem Umfang begrenzt bleiben. Als Beispiele für solche wirtschaftlichen Nebentätigkeiten sind unter anderem Forschungseinrichtungen anzuführen, die gelegentlich ihre Ausrüstungen und Labors an Partner aus der Industrie vermieten. Die Kommission ist ferner der Auffassung, dass übliche Zusatzleistungen (wie Restaurants, Geschäfte oder bezahlte Parkplätze) von fast ausschließlich für nichtwirtschaftliche Tätigkeiten genutzten Infrastrukturen sich in der Regel nicht auf den Handel zwischen Mitgliedstaaten auswirken, weil unwahrscheinlich ist, dass diese üblichen Zusatzleistungen Kunden aus anderen Mitgliedstaaten anziehen würden und dass ihre Finanzierung mehr als marginale Auswirkungen auf grenzüberschreitende Investitionen oder Niederlassungen haben dürfte." (EC, 2016[40]).*

Diese Beispiele sind allerdings mit Weiterbildungsangeboten nicht vergleichbar, da hochschulische Aus-, Fort- und Weiterbildungsangebote in Konkurrenz zu privaten Hochschulen angeboten werden und daher eine Beeinflussung des Marktes zu erwarten ist.

Ein Berufen auf die 20 %-Klausel ist im Ergebnis also vor allem deswegen mit ungewissen Erfolgsaussichten verbunden, weil die EK hierfür einen verhältnismäßig engen Anwendungsbereich vorsieht. Es verbleiben daher Unsicherheiten, ob die Klausel auf Weiterbildungsangebote überhaupt anwendbar ist.

Gestaltung als Dienstleistungen von allgemeinem wirtschaftlichem Interesse (DAWI)

Für die staatliche Finanzierung von Weiterbildungsangeboten an Hochschulen kommt eine Gestaltung als Dienstleistungen von allgemeinem wirtschaftlichem Interesse (DAWI) in Betracht. Eine solche Gestaltung unterliegt aber strengen Anforderungen vor allem an die Klarheit und Transparenz des hierfür notwendigen Betrauungsakts. Dies bringt eine gewisse Rechtsunsicherheit mit sich. Es ist stets zu befürchten, dass sie die geltenden Transparenzanforderungen nicht erfüllt und daher Ausgleichszahlungen zurückgefordert werden können.

Kasten 3.5 zeigt die grundsätzliche Begründungsmöglichkeit für Weiterbildung als DAWI auf. Auf eine mögliche konkrete Ausgestaltung wird gegebenenfalls in Kapitel 5 eingegangen.

Kasten 3.5. Gestaltung als Dienstleistungen von allgemeinem wirtschaftlichem Interesse (DAWI)

Wann ist eine DAWI möglich?

Liegt unter eine Beihilfe im Sinne des Art. 107 Abs. 1 AEUV vor, dann ist diese notifizierungspflichtig und muss grundsätzlich sämtlichen materiellen Anforderungen für Beihilfen entsprechen. Eine Ausnahme hiervon sieht Art. 106 Abs. 2 AEUV für Unternehmen vor, die DAWIs „betraut" sind. Für solche „DAWI-Beihilfen" gelten die Vorschriften der EU-Verträge, insbesondere der Wettbewerbsregeln, nur, *„soweit [ihre] Anwendung nicht die Erfüllung der ihnen übertragenen besonderen Aufgabe rechtlich oder tatsächlich verhindert."*

In diesem „Freistellungskontext" ist mithin klar, dass die betreffende DAWI nicht unter Marktbedingungen erbracht wird. Nichtsdestoweniger ist nach ausdrücklicher primärrechtlicher Anordnung die betreffende finanzielle Unterstützungsleistung möglich. Die DAWI-Regelungen zielen im Ergebnis darauf ab, sicherzustellen, dass die geleistete Kompensation nicht wettbewerbsverzerrend wirkt. Sie kompensiert also weder eine unabhängig von der DAWI-Erbringung festzustellende defizitäre Unternehmensführung, noch überkompensiert sie die tatsächlich erbrachte Dienstleistung.

Die DAWI-Regelungen betreffen somit den EU-beihilferechtlichen Sonderfall, dass eine staatliche Beihilfe gleich welcher Art als Ausgleich gewährt wird, um die defizitäre Erbringung von „Dienstleistungen von allgemeinem wirtschaftlichem Interesse" durch ein Unternehmen zu kompensieren, das mit der Erbringung dieser Dienstleistungen vom Staat betraut wurde. Dass Vorliegen einer DAWI muss anhand konkreter Umstände gut begründet werden. Dies schafft rechtliche Risiken.

Allgemein umfasst die Betrauung mit einer besonderen Dienstleistungsaufgabe die Erbringung von Dienstleistungen, die ein Unternehmen, wenn es im eigenen gewerblichen Interesse handelt, nicht oder nicht in gleichem Umfang oder nicht zu den gleichen Bedingungen übernommen hätte. Einen aktuellen Überblick über die Begriffskonkretisierung und die Handhabbarkeit unter Berücksichtigung der EuGH-Rechtsprechung gibt die EK in ihrer DAWI-Mitteilung. Außerdem sind zu nennen der sogenannte DAWI-Rahmen (EC, 2012[15]) sowie der von der EK erstellte sogenannte DAWI- Leitfaden (EC, 2013[41]). Hiernach wird unionsrechtlich nicht vorgegeben, welche Dienstleistung als DAWI anzusehen ist und welche nicht. Vielmehr haben die Mitgliedstaaten und deren Verwaltungen einen weiten Ermessensspielraum bei der Frage, ob eine Dienstleistung als DAWI anzusehen ist (EC, 2012[11])[43].

> *„Die Befugnisse der Kommission beschränken sich hierbei darauf zu kontrollieren, dass dem Mitgliedstaat bei der Festlegung der Dienstleistung als Dienstleistung von allgemeinem wirtschaftlichem Interesse kein offenkundiger Fehler unterlaufen ist, und zu prüfen, ob die Ausgleichleistungen staatliche Beihilfen umfassen."*

Gemäß den Ziffern 45 ff. der DAWI-Mitteilung geht die EK bei dieser Prüfung auf „offenkundige Fehler" bei der DAWI-Festlegung davon aus, dass DAWI im Vergleich zu anderen wirtschaftlichen Tätigkeiten immer „besondere Merkmale" aufweisen. Das bedeutet, dass Dienstleistungen erbracht werden müssen, die nicht im eigenen gewerblichen Interesse des erbringenden Unternehmens, sondern im Interesse der Allgemeinheit liegen und daher ohne die Betrauung von diesem nicht, oder jedenfalls nicht im gleichen Umfang oder nicht zu den gleichen Konditionen erbracht würden. Im Ergebnis muss es sich um eine Dienstleistung handeln, die in dieser Weise mangels Rentabilität oder wirtschaftlicher Attraktivität nicht vom Markt erbracht werden kann. Als Beispiel führt die EK den Breitbandausbau an und differenziert zwischen Gebieten, in denen bereits wettbewerbsfähige Breitbanddienste mit angemessener Flächendeckung angeboten werden (marktmäßige Dienstleistung) und solchen, in denen Investoren nicht in der Lage sind, eine angemessene Breitbandversorgung anzubieten (DAWI) (EC, 2012[11])[44].

Schließlich geht die EK davon aus, dass DAWI stets zum Wohle der Bürger oder im Interesse der Gesellschaft als Ganzes erbracht werden müssen (EC, 2012[11])[45].

Begründung für die Einordnung von wissenschaftlicher Weiterbildung als DAWI

Ansatzpunkte, dass Weiterbildungsangebote von Hochschulen erbracht werden, um eine defizitäre Erbringung von DAWI zu kompensieren, liegen hier vor. Das Vorliegen einer DAWI muss aber für den Einzelfall ausführlich begründet werden. Im Folgenden werden mögliche beispielhafte Anknüpfungspunkte für die Einordnung von Weiterbildungsangeboten als DAWI dargestellt:

- Eine DAWI könnte etwa dadurch begründet werden, dass durch das Weiterbildungsangebot die Ausbildungskapazität im Land Brandenburg erhöht werden soll. Um den demographischen Herausforderungen und dem Strukturwandel (siehe oben Kapitel 1) erfolgreich zu begegnen, benötigt Brandenburg insbesondere ein hohes durchschnittliches Fähigkeits- und Qualifikationsniveau. Dieses Ziel ist damit ein wichtiger Baustein für die Zukunft Brandenburgs und ebenso für die Entwicklung des Bildungsstandorts Deutschland im Gefüge der EU-Mitgliedstaaten.
- Für den jeweiligen Einzelfall müssen aber konkrete Ansatzpunkte dafür genannt werden können, dass die Finanzierung als Ausgleich gewährt wird, um eine defizitäre Erbringung von „Dienstleistungen von allgemeinem wirtschaftlichem Interesse" durch die jeweilige Hochschule zu kompensieren. Dafür bedarf es auch einer vertieften Darstellung, dass die Hochschule ein zusätzliches Weiterbildungsangebot bereitstellt, um die Ausbildungskapazität im Land Brandenburg zu erhöhen. Eine mögliche Begründung beispielsweise für ein Weiterbildungsangebot im medizinischen Bereich könnte darin bestehen, eine adäquate Verteilung von medizinischen Fachpersonal und damit eine ausreichende medizinische Versorgung des ländlichen Raums sicherzustellen.
- Zudem muss für den Einzelfall begründet werden können, dass die Bereitstellung von zusätzlichen Weiterbildungsangeboten für die Hochschule defizitär ist. Für eine konkrete Darlegung bedarf es hier Angaben, dass die Bereitstellung einer gegebenen Anzahl von Studienplätzen für die Weiterbildung nicht durch Studiengebühren abgedeckt werden kann.

Dies zum Beispiel, weil die hierfür nötige Ausstattung von Laboren, Bibliotheksplätzen, Mikroskope nicht finanziert werden kann.

- Es muss ferner dargelegt werden können, dass die jeweilige Hochschule mangels Rentabilität und wirtschaftlicher Attraktivität die Bereitstellung von zusätzlichen Weiterbildungsangeboten, wenn sie im eigenen gewerblichen Interesse handelt, nicht oder jedenfalls nicht im gleichen Umfang übernehmen wird.
- Weiter muss begründet werden, weshalb die Bereitstellung zusätzlicher Studienplätze auch dem Wohle der Bürger dient und im Interesse der Gesellschaft als Ganzes erbracht wird. Wie auch beim Breitbandausbau kann in Bezug auf Weiterbildung auf das Argument zurückgegriffen werden, dass das Land Brandenburg nicht anders in der Lage ist, eine angemessene Ausbildungskapazität für das Land sicherzustellen. Die Kosten des Aufbaus oder der Vergrößerung eines universitären Studiengangs könnte die Mittel der Hochschule übersteigen. Dies wäre gegebenenfalls in dem Betrauungsakt noch zu konkretisieren.
- Weiter kann zur Begründung angeführt werden, dass nur bei einer Erhöhung der Anzahl der Studienplätze für Weiterbildungsangebote beispielsweise für den Bereich Humanmedizin eine ausreichende medizinische Versorgung erreicht werden kann.
- Für die Begründung einer DAWI wäre zudem von Interesse, ob es Modelle gibt, die die Absolventen beispielsweise im Gegenzug zu einem Stipendium beruflich an das Land Brandenburg binden. Interessant wäre auch, ob es Erhebungen dazu gibt, wie viele der Absolventen nach Abschluss des jeweiligen Weiterbildungsangebots in Brandenburg bleiben. Sollte sich ergeben, dass Absolventen eher das Land verlassen und es keine Programme zu ihrer Bindung an das Bundesland gibt, sollte in dem Betrauungsakt dargestellt werden, wie die jeweilige Hochschule die Nutzer des Weiterbildungsangebots im Rahmen ihrer Weiterbildung an das Land Brandenburg bindet. So könnte ein erkennbarer Bezug zum Bundesland im Studium entstehen und eine berechtigte Erwartung begründet werden kann, dass die Absolventen im Bundesland verbleiben.

Quellen: EC (2012[42]) Mitteilung der Kommission — Rahmen der Europäischen Union für staatliche Beihilfen in Form von Ausgleichsleistungen für die Erbringung öffentlicher Dienstleistungen (2011) Text von Bedeutung für den EWR; EC (2013[41]), Leitfaden zur Anwendung der Vorschriften der Europäischen Union über staatliche Beihilfen, öffentliche Aufträge und den Binnenmarkt auf Dienstleistungen von allgemeinem wirtschaftlichem Interesse und insbesondere auf Sozial- dienstleistungen von allgemeinem Interesse vom 29.04.2013, SWD(2013) 53 final/2; EC (2012[15]), Mitteilung der Kommission über die Anwendung der Beihilfevorschriften der Europäischen Union auf Ausgleichsleistungen für die Erbringung von Dienstleistungen von allgemeinem wirtschaftlichem Interesse Text von Bedeutung für den EWR.

Zwischenergebnis zur EU-beihilferechtlichen Einordnung von Weiterbildung

Die Darstellung der EU-rechtlichen Einordnung von Weiterbildung unter den Unternehmensbegriff des Art. 107 Abs. 1 AEUV dient dazu, herauszuarbeiten, wann wissenschaftliche Weiterbildung beihilfefrei ist. Es fragt sich also, unter welchen Voraussetzungen das EU-Beihilferecht auf wissenschaftliche Weiterbildung keine Anwendung findet. Sollte das EU-Beihilferecht hingegen auf wissenschaftliche Weiterbildung wenigstens teilweise anwendbar sein, so stellt sich die Frage nach erforderlichen Anpassungsmaßnahmen der Hochschulen.

EU-beihilferechtliche Einordnung wissenschaftlicher Weiterbildung an staatlichen Hochschulen

Festzuhalten ist, dass für die Einordnung wissenschaftlicher Weiterbildung an (staatlichen) Hochschulen als wirtschaftliche oder nichtwirtschaftliche Tätigkeit keine eindeutigen Vorgaben der EK oder des EuGH bestehen. Insbesondere wird die wissenschaftliche Weiterbildung durch die EK nicht ausdrücklich als in der Regel nichtwirtschaftliche Tätigkeit eingestuft. Deshalb kommt es auf die oben zusammengefassten Abgrenzungskriterien an. Weiterbildung kann nach diesen Kriterien insbesondere dann rechtlich problematisch sein, wenn sie sich privater Konkurrenz gegenüber sieht und sie nicht im Wesentlichen staatlich finanziert ist.

Konsequenzen der Einstufung wissenschaftlicher Weiterbildung als wirtschaftliche Tätigkeit

Soweit es nach den EU-beihilferechtlichen Kriterien naheliegt, dass ein bestimmtes Weiterbildungsangebot eine wirtschaftliche Tätigkeit darstellt, sind zunächst die weiteren Tatbestandsmerkmale des Art 107 Abs. 1 AEUV zu prüfen. Erst danach sind mögliche Rechtfertigungen der Beihilfe und Ausnahmen vom Beihilfeverbot in Betracht zu ziehe

Als erstes ist zu prüfen, ob die Hochschule als Unternehmen oder ein mit der Hochschule kooperierendes drittes Unternehmen begünstigt wird. Ein marktangemessenes Entgelt der Weiterzubildenden oder der dritten Einrichtung kann die Begünstigung entfallen lassen. Das Beihilfeverbot greift dann nicht. Wie eine marktangemessene Vergütung auszugestalten ist, muss für jedes Weiterbildungsangebot im Einzelfall festgestellt werden.

Zweitens ist die bestehende oder potentielle Marktsituation daraufhin zu prüfen, ob der grenzüberschreitende Handel mit Dienstleistungen zwischen den Mitgliedstaaten durch das jeweilige Weiterbildungsangebot beeinträchtigt werden könnte. Voraussetzung hierfür ist, dass das Weiterbildungsangebot eine Wettbewerbsverfälschung hervorrufen kann.

Erst wenn diese Tatbestandsmerkmale bejaht werden müssen, wird das Beihilfeverbot ausgelöst. Dann kann das Weiterbildungsangebot aber immer noch gerechtfertigt sein oder einer Ausnahme vom Beihilfeverbot unterfallen.

Hinsichtlich möglicher Ausnahmen vom Beihilfeverbot kommt zunächst eine Ausgestaltung der Hochschulfinanzierung als DAWI in Betracht. Die Freistellung von Beihilfen gemäß der AGVO, die Einstufung als „De-Minimis-Beihilfe“ und ein Rückgriff auf die 20 %-Klausel erscheinen demgegenüber weniger aussichtsreich und empfehlenswert.

Quellennachweise

Bartosch (ed.) (2020), *EU-Beihilfenrecht, 3. Auflage.* [38]

Bartosch (2016), *EU-Beihilfenrecht, 2. Auflage.* [19]

Callies/Ruffert (ed.) (2016), *TEU/TFEU, 5. Auflage 2016.* [9]

EC (2018), *EC Decision of 08.11.2018, State aid. 43700 (2018/NN) / C(2018) 7215*, https://ec.europa.eu/competition/state_aid/cases/276053/276053_2028505_63_2.pdf. [24]

EC (2016), *Bekanntmachung der Kommission zum Begriff der staatlichen Beihilfe im Sinne des Artikels 107 Absatz 1 des Vertrags über die Arbeitsweise der Europäischen Union, C/2016/2946, OJ C 262, 19.7.2016.* [14]

EC (2016), *Commission Notice on the notion of State aid as referred to in Article 107(1) of the Treaty on the Functioning of the European Union, OJ C 262 of 19.07.2016.* [40]

EC (2014), *Communication from the Commission on Framework for State aid for research and development and innovation.* [31]

EC (2014), *Mitteilung der Kommission — Unionsrahmen für staatliche Beihilfen zur Förderung von Forschung, Entwicklung und Innovation, OJ C 198, 27.6.2014.* [13]

EC (2013), *Leitfaden zur Anwendung der Vorschriften der Europäischen Union über staatliche Beihilfen, öffentliche Aufträge und den Binnenmarkt auf Dienstleistungen von allgemeinem wirtschaftlichem Interesse und insbesondere auf Sozial- dienstleistungen von allgemein.* [41]

EC (2012), *Communication from the Commission on the application of the European Union State aid rules to compensation granted for the provision of services of general economic interest.* [11]

EC (2012), *Mitteilung der Kommission — Rahmen der Europäischen Union für staatliche Beihilfen in Form von Ausgleichsleistungen für die Erbringung öffentlicher Dienstleistungen (2011) Text von Bedeutung für den EWR.* [42]

EC (2012), *Mitteilung der Kommission über die Anwendung der Beihilfevorschriften der Europäischen Union auf Ausgleichsleistungen für die Erbringung von Dienstleistungen von allgemeinem wirtschaftlichem Interesse Text von Bedeutung für den EWR, OJ C 8, 11.1.2012.* [15]

EC (2009), *Common principles for an economic assessment of the compatibility of state aid under Art. 87.3.* [18]

EC (2009), *Common Principles for an Economic Assessment of the Compatibility of State Aid under Article 87(3) of the EC Treaty*, http://ec.europa.eu/competition/state_aid/reform/economic_assessment_en.pdf. [17]

EC (2008), *EC Decision of 26.11.2008, State aid No N 343/2008*, https://ec.europa.eu/competition/state_aid/cases/226491/226491_917103_29_1.pdf. [25]

EC (2006), *EC Decision of 08.11.2006, State aid No N 54/2006*, https://ec.europa.eu/competition/state_aid/cases/216285/216285_609589_14_1.pdf. [23]

EC (2005), *State aid action plan - Less and better targeted state aid : a roadmap for state aid reform 2005-2009 (Consultation document) {SEC(2005) 795}, COM/2005/0107 final.* [16]

EC (2003), *EC Decision of 01.10.2003, State aid No N 37/2003*, https://ec.europa.eu/competition/state_aid/cases/133835/133835_469556_45_2.pdf. [26]

EC (1998), *Commission notice on the application of the State aid rules to measures relating to direct business taxation, OJ EC C 384 of 10.12.1998.* [33]

EC (1998), *Commissioner Decision 98/353/EC of 16.09.1997 on State aid for Gemeinnützige Abfallverwertung GmbH, OJ EC L 159 of 03.06.1998.* [32]

EC (1997), *Commission Notice on the definition of relevant market for the purposes of Community competition law, OJ C 372, 9.12.1997.* [29]

ECJ (2019), *Judgment of 04.07.2019 – C-393/17*, GRUR. [8]

ECJ (2010), *Judgment of 20.05.2010 – C-56/09*, IStR. [7]

ECJ (2007), *Judgment of 11.09.2007 – C-76/95*, NJW. [6]

ECJ (2006), *Judgment of 10.01.2006 – C-222/04*, EuZW. [3]

ECJ (2006), *Judgment of 23.03.2006 – C-237/04*, BeckRS. [10]

ECJ (2005), *Judgment of 03.03.2005 – C-172/03*, BeckRS. [21]

ECJ (2001), *Judgment of 08.11.2001 – C-143/99*, NVwZ. [20]

ECJ (2000), *Judgment of 19.09.2000 – C-156/98*, EuZW. [35]

ECJ (1993), *Judgment of 07.12.1993 – C-109/92*, BeckRS. [5]

ECJ (1991), *Judgment of 23.04.1991 – C-41/90*, NJW. [1]

ECJ (1988), *Judgment of 27.09.1988 – C-263/86*, BeckRS. [4]

EFTA Court (2008), *Judgment of 21.02.2008 – E-5/07*, https://eftacourt.int/download/5-07-judgment/?wpdmdl=1631. [12]

EuZW (ed.) (2003), *Judgment of 03.07.2003 – joined cases C-83/01 P, C-93/01 P and C-94/01.* [30]

Hartmer/Detmer (ed.) (2009), *Hochschulrecht, 2. Auflage.* [34]

Immenga/Mestmäcker (ed.) (2016), *Wettbewerbsrecht, 5. Auflage.* [37]

Immenga/Mestmäcker (ed.) (2016), *Wettbewerbsrecht, Band 3, 5. Auflage 2016.* [2]

KMK (2017), *Leitfaden zur Unterscheidung wirtschaftlicher und nichtwirtschaftlicher Tätigkeit von Hochschulen*, https://www.kmk.org/fileadmin/Dateien/veroeffentlichungen_beschluesse/2017/2017_09_22-Leitfaden-Wirtschaftliche-Nichtwirtschaftliche-Taetigkeit.pdf. [27]

Knopp/Peine/Topel (ed.) (2018), *Brandenburgisches Hochschulgesetz, 3. Auflage, § 25 Rn. 12.* [39]

Marwedel (2014), *Rechtsgutachten zu Vorgaben für die Preisgestaltung der wissenschaftlichen Weiterbildung an der Universität Freiburg unter besonderer Berücksichtigung des europäischen Beihilferechts.* [28]

Mederer, V. (2015), *AEUV, 7. Auflage.* [22]

Montag/Säcker (ed.) (2011), *MüKo zum Europäischen und Deutschen Wettbewerbsrecht, Band 3, 1. Auflage.* [36]

Endnoten

[1] So die Rechtsprechung des EuGH, zuerst im Urteil vom 23.04.1991 – C-41/90, NJW 1991, 2891, 2891 f., Rn. 21.

[2] Mestmäcker/Schweitzer in: Immenga/Mestmäcker, Wettbewerbsrecht, Band 3, 5. Auflage 2016, Art. 107 AEUV Rn. 17.

[3] EuGH, Urteil vom 10.01.2006 – C-222/04, EuZW 2006, 306, 311, Rn. 122.

[4] EuGH, Urteil vom 10.01.2006 – C-222/04, EuZW 2006, 306, 311, Rn. 123.

[5] So im Hinblick auf Bildungsangebote: EuGH, Urteil vom 27.09.1988 – C-263/86, BeckRS 2004, 72754, Rn. 17.

[6] EuGH, Urteil vom 27.09.1988 – C-263/86, BeckRS 2004, 72754.

[7] EuGH, Urteil vom 07.12.1993 – C-109/92, BeckRS 2004, 74113.

[8] EuGH, Urteil vom 11.09.2007 – C-76/95, NJW 2008, 351, 353.

[9] EuGH, Urteil vom 20.05.2010 – C-56/09, IStR 2010, 487, 488.

[10] EuGH, Urteil vom 04.07.2019 – C-393/17, GRUR 2019, 846.

[11] Opinion of Advocate General at ECJ, 15.11.2018 – C-393/17, BeckRS 2018, 28556, marginal 52 ff.; on the issues raised by the Advocate General, see Hillemann/Wittig, OdW 2019, 169.

[12] Opinion of Advocate General at ECJ, 15.11.2018 – C-393/17, BeckRS 2018, 28556, marginal 73.

[13] Cremer in: Calliess/Ruffert, EUV/AEUV, 5. Auflage 2016, Art. 107 AEUV Rn. 27.

[14] EuGH, Urteil vom 23.03.2006 – C-237/04, BeckRS 2006, 70228, Rn. 28 mit weiteren Verweisen auf die ständige Rechtsprechung des EuGH.

[15] Mitteilung der Kommission über die Anwendung der Beihilfevorschriften der Europäischen Union auf Ausgleichsleistungen für die Erbringung von Dienstleistungen von allgemeinem wirtschaftlichem Interesse, ABl. Nr. C 8 vom 11.01.2012, S. 4.

[16] EFTA-Gerichtshof, Urteil vom 21.02.2008 – E-5/07, Rn. 80 f, abrufbar unter: https://eftacourt.int/download/5-07-judgment/?wpdmdl=1631.

[17] Zu den Aufgaben der EK im EU-Beihilferecht siehe Art. 108 AEUV.

[18] DAWI-Mitteilung (Fn. 101), Ziffer 26.

[19] DAWI-Mitteilung (Fn. 101), Ziffer 28.

[20] Mitteilung der Kommission — Unionsrahmen für staatliche Beihilfen zur Förderung von Forschung, Entwicklung und Innovation, *OJ C 198, 27.6.2014, p. 1.*

[21] Bekanntmachung der Kommission zum Begriff der staatlichen Beihilfe (Fn. 68).

[22] Bekanntmachung der Kommission zum Begriff der staatlichen Beihilfe (Rn. 28)

[23] Der "stärker wirtschaftsorientierte Ansatz" ist nur für die Prüfung der Vereinbarkeit staatlicher Beihilfen mit dem Binnenmarkt gedacht, insbesondere der Verhältnismäßigkeit und der Auswirkungen auf den Wettbewerb; da hat die EK mehr Ermessensspielraum. Er ist aber nicht für die Prüfung, ob eine staatliche Beihilfe überhaupt vorliegt, gedacht. Bei der Bewertung, ob eine staatliche Beihilfe überhaupt vorliegt, hat die EK einen sehr begrenzten Spielraum, nämlich wenn sie dabei komplexe wirtschaftliche Bewertungen vornehmen muss.

[24] Bartosch, EU-Beihilferecht, 2. Auflage 2016, Einl. Rn. 5.

[25] EuGH, Urteil vom 08.11.2001 – C-143/99, NVwZ 2002, 842, 844, Rn. 41; EuGH, Urteil vom 03.03.2005 – C-172/03, BeckRS 2005, 70158, Rn. 40.

[26] Von der Groeben/Schwarze/Wolfgang Mederer, AEUV, 7. Auflage 2015, Art. 107 Rn. 12.

[27] Dort heißt es: „Entschlossen, durch umfassenden Zugang zur Bildung und durch ständige Weiterbildung auf einen möglichst hohen Wissensstand ihrer Völker hinzuwirken…"

[28] EuGH, Urteil vom 10.01.2006 – C-222/04, EuZW 2006, 306, 311f., Rn. 123.

[29] EuGH, Urteil vom 03.07.2003 – verb. Rs. C-83/01 P, C-93/01 P u. C-94/01 P, EuZW 2003, 504, 509, Rn. 40; Bartosch/Bartosch, EU-Beihilfenrecht, 2. Aufl. 2016, AEUV Art. 107 Rn. 128.

[30] Bartosch/Bartosch, EU-Beihilfenrecht, 2. Auflage 2016, AEUV Art. 107 Rn. 128.

[31] Pauschalsätze können für repetitive Dienstleistungen wie z.B. bestimmte Kurse, deren Marktpreis oder Kostenstruktur inkl. Gewinnspanne feststehen und transparent ermittelbar sind, erhoben werden. Idealerweise sollten die Pauschalsätze regelmäßig überprüft und aktualisiert werden.

[32] Entscheidung Nr. 98/353/EG der EU-Kommission vom 16.09.1997 über staatliche Beihilfen zugunsten des Unternehmens Gemeinnützige Abfallverwertung GmbH, ABl. EG Nr. L 159 vom 03.06.1998, S. 58; siehe auch Mitteilung der Kommission über die Anwendung der Vorschriften über staatliche Beihilfen auf Maßnahmen im Bereich der direkten Unternehmenssteuerung, ABl. EG Nr. C 384 vom 10.12.1998, S. 3, Rn. 25: „Unternehmen ohne Erwerbscharakter wie Stiftungen oder Verbände".

[33] Lux-Wesener/Kamp, in: Hartmer/Detmer, Hochschulrecht, 2. Auflage 2009, Kapitel VIII, Rn. 47.

[34] In diesem Sinne EuGH, Urteil vom 19.09.2000 – C-156/98, EuZW 2000, 723, 725, Rn. 39; hierzu Soltész, in: Montag/Säcker, MüKo zu Europäischen und Deutschen Wettbewerbsrecht, Band 3, 1. Auflage 2011, Art. 107 AEUV, Rn. 414.

[35] Mitteilung der Kommission über die Anwendung der Beihilfevorschriften der Europäischen Union auf Ausgleichsleistungen für die Erbringung von Dienstleistungen von allgemeinem wirtschaftlichem Interesse Text von Bedeutung für den EWR, S. 10.

[36] Auch bei rein "marginalem" grenzüberschreitendem Effekt kann Auswirkung auf den innergemeinschaftl. Handel ausgeschlossen werden; vgl. KOM, Beschluss v. 29.4.2015 in N 39403 – Investment aid for Lauwersoog Port https://ec.europa.eu/competition/state_aid/cases/256021/256021_1668108_140_2.pdf.

[37] Zusätzlich könnte auch eine Beihilfe für Innovationsclusterbetreiber in Frage kommen, insbesondere "die Organisation von Aus- und Weiterbildungsmaßnahmen" gem. Art. 28 (8) lit. c AGVO. Da eine solche Beihilfe in der Praxis aber eher selten vorkommen dürfte, wird hierauf nicht näher eingegangen.

[38] Nowak in: Immenga/Mestmäcker, Wettbewerbsrecht, 5. Auflage 2016, Art. 31 AGVO Rn. 1.

[39] Nowak in: Immenga/Mestmäcker, Wettbewerbsrecht, 5. Auflage 2016, Art. 31 AGVO Rn. 6.

[40] Bartosch in: Bartosch, EU-Beihilfenrecht, 3. Auflage 2020, Art. 31 AGVO Rn. 3.

[41] Siehe hierzu EuGH, Urteil vom 26.3.2009 – C-113/07 P, BeckRS 2009, 70333, Rn.118 f.; Urteil vom 12.7.2012 – C-138/11 EuZW 2012, 835, 836, Rn. 38. Aus der Kommissionspraxis: EU-Kommission, Entscheidung vom 19.7.2006, N 140/2006, ABl. 2006 Nr. C 244, S. 12: Bei Beihilfen an staatliche Unternehmen, die in Besserungsanstalten die berufliche Ausbildung und die Beschäftigung von Strafgefangenen sicherstellen, kann das Ziel der Arbeitsförderung und der Wiedereingliederung nicht von der hoheitlichen Tätigkeit des Strafvollzugs getrennt werden; Entscheidung vom 27.6.2007, N 558/2005, ABl. 2007 Nr. C 255, S. 22: Bei der Beschäftigung schwerbehinderter Menschen zum Zwecke ihrer Selbstständigkeit und Reintegration stellen die von diesen erzeugten Produkte und Dienstleistungen lediglich eine wirtschaftliche Nebentätigkeit dar.

[42] Die Formulierung scheint sich auf alle oben genannten Voraussetzungen zu beziehen, also auch auf die Frage der reinen Nebentätigkeit und des untrennbaren Zusammenhangs und nicht nur auf die Frage des begrenzten Umfangs.

[43] Siehe auch Ziffer 48 der DAWI-Mitteilung; vgl. auch EuGH, Urteil vom 12.12.1973 – 127/73, GRUR Int. 1974, 342, 345; EuG, Urteil vom 15.06.2005 – T-17/02, BeckRS 2005, 70448, Rn. 216; EuG, Urteil vom 26.06.2008 – T-442/03, ZUM 2008, 766, 769, Rn. 195.

[44] DAWI-Mitteilung (Fn. 101), Ziffer 49.

[45] DAWI-Mitteilung (Fn. 101), Ziffer 50.

4 Weiterbildungspraxis an brandenburgischen Hochschulen

Dieses Kapitel untersucht die Praxis der Weiterbildung an brandenburgischen Hochschulen. Es stützt sich auf die Angaben von sieben brandenburgischen Hochschulen zu ihren Weiterbildungsangeboten. Die Hochschulen berichteten auch darüber, wie sie Weiterbildungsangebote organisieren, durchführen und verwalten. Diese Ansätze werden dann anhand der in Kapitel 2 und Kapitel 3 aufgestellten rechtlichen Grundlagen bewertet. In diesem Kapitel wird die Weiterbildungspraxis der brandenburgischen Hochschulen auch vergleichend mit der von Hochschulen in Bayern, Hessen und Nordrhein-Westfalen analysiert.

Die Lage an den brandenburgischen Hochschulen

Die Abgrenzungskriterien des Beihilferechts der Europäischen Union (EU) sind in Kapitel 3 herausgearbeitet worden. In diesem Kapitel wird nun der Frage nachgegangen, inwieweit die Weiterbildungsangebote brandenburgischer Hochschulen die Grenzen nichtwirtschaftlicher Tätigkeiten einhalten.

Im Land Brandenburg sind acht staatliche Hochschulen ansässig – vier Universitäten (Brandenburgische Technische Universität Cottbus-Senftenberg, Europa-Universität Viadrina Frankfurt (Oder), Filmuniversität Babelsberg Konrad Wolf, und Universität Potsdam) und vier Fachhochschulen (Technische Hochschule Brandenburg in Brandenburg an der Havel, Hochschule für nachhaltige Entwicklung Eberswalde, Fachhochschule Potsdam, und Technische Hochschule Wildau) – sowie zwei staatliche Verwaltungshochschulen. Daneben gibt es zwei Hochschulen in kirchlicher Trägerschaft und drei private Hochschulen.

Grundlage für die Diskussion in diesem Kapitel sind die Angaben von sieben der acht öffentlichen Hochschulen in Brandenburg[1], die mittels eines Fragebogens ermittelt wurden, um der rechtlichen Betrachtung eine empirische Basis zu geben.

Auswertung der Fragebögen

Der Fragebogen sollte zunächst die grundsätzliche Vorgehensweise und die grundsätzlichen Umgangsformen mit Fort- und/oder Weiterbildung jeglicher Art an den Hochschulen des Landes Brandenburg erkunden. Außerdem sollte er einen Überblick über die Angebote der brandenburgischen Hochschulen und das Umfeld verschaffen helfen, in dem sich diese Angebote bewegen.

Der Fragebogen ist entsprechend in zwei Abschnitte aufgeteilt. Im ersten Abschnitt zielen die Fragen darauf ab, den Wissensstand der teilnehmenden Hochschulen in Bezug auf die Einordnung von Angeboten auf ihre EU-beihilferechtliche Relevanz zu erfahren. Im zweiten Abschnitt zielen die Fragen hingegen darauf ab, mehr über die unterschiedlichen Angebote von brandenburgischen Hochschulen im Bereich Weiterbildung zu erfahren. Die entsprechenden Kategorien von Weiterbildungsangeboten werden im Folgenden als Cluster zugrunde gelegt. Es handelt sich um:

- Weiterbildungsstudiengänge etwa in Form von MBA-Abschlüssen;
- Studiengangsmodule und Zertifikatskurse;
- berufliche Fortbildungsveranstaltungen;
- außercurriculare Sprachkurse;
- Weiterbildungen wie Vorträge, Kurse, Workshops, die sowohl Studierenden als auch Dritten zugänglich sind; und
- kooperative Studiengänge.

Wissensstand der relevanten Begriffen zur Einordnung der EU-beihilferechtlichen Relevanz einer Tätigkeit

Die Antworten zu dem ersten Abschnitt zeigen, dass die teilnehmenden Hochschulen in der weit überwiegenden Mehrheit in ihrer alltäglichen Arbeit mit den relevanten Begriffen zur Einordnung der EU-beihilferechtlichen Relevanz einer Tätigkeit arbeiten und die wesentlichen Unterscheidungen kennen.

Der gesetzliche Rahmen ist den teilnehmenden Hochschulen grundsätzlich bekannt. Weniger als die Hälfte der Befragten kannte jedoch die DAWI-Mitteilung oder den Begriff der mit dem Binnenmarkt vereinbaren Beihilfe. Ein Prüfungsraster zur Unterscheidung von wirtschaftlichen und nichtwirtschaftlichen

Tätigkeiten gibt es an fast jeder der befragten Hochschulen. Fünf der sieben Hochschulen organisieren die Fort- und Weiterbildung entweder über einen Zweckbetrieb oder einen Betrieb gewerblicher Art.

Cluster „Weiterbildungsstudiengänge“

Die Fragen in diesem Cluster betreffen Weiterbildungsstudiengänge, zum Beispiel in Form von MBA- Abschlüssen. Sechs der sieben Hochschulen, die die Fragen beantwortet haben, bieten einen derartigen Abschluss an. Diese Studiengänge werden weit überwiegend gegen Entgelt angeboten. Zwei Drittel der Angebote orientieren sich an einer Berechnung der Vollkosten (siehe Anhang A für eine Darstellung der Berechnungsmethoden), ein Drittel wird auf Teilkostenbasis angeboten. Von denen, die mit Teilkosten kalkulieren, gaben alle an, dass der Entgeltanteil maximal 50 % beträgt. Nur eine der Hochschulen sieht sich bei den entsprechenden Angeboten nicht in Konkurrenz zu privaten Anbietern, drei der Antwortenden gaben an, jedenfalls teilweise Angebote in Konkurrenz zu privaten Anbietern zu erbringen. Zwei Antworten deuten darauf hin, dass Angebote Privater mangels der nötigen Sachkenntnis und/oder mangels der nötigen Ressourcen nicht angeboten werden, während andere zwei gaben an, dass sie nicht wüssten, warum private Anbieter diese Programme nicht anbieten, und eine die Ansicht vertrat, dass nur öffentliche Hochschuleinrichtungen solche Programme anbieten können.

Cluster „Zertifikatskurse“

Dieser Cluster bezieht sich auf Studiengangsmodule oder sogenannte Zertifikatskurse, die nicht Teil eines vollständigen Studiengangs sind. Jede der sieben Hochschulen bietet derartige Veranstaltungen an, die von sechs der sieben Hochschulen ausschließlich gegen Entgelt angeboten werden. Die Kalkulation erfolgt dabei stets auf Vollkostenbasis. Alle Hochschulen sehen sich hierbei (zwei davon zumindest teilweise) in Konkurrenz zu privaten Anbietern.

Cluster „berufliche Fortbildungsveranstaltungen“

Berufliche Fortbildungsveranstaltungen können ohne Studienabschluss, aber mit oder ohne Zertifikat abgeschlossen werden. Auch hier gaben alle Teilnehmer an, dass ihre Hochschule derartige Veranstaltungen anbietet, und zwar sechs davon vollständig und eine teilweise gegen Entgelt. Dieses Entgelt wird von sechs der sieben Hochschulen auf Vollkostenbasis kalkuliert. Alle Hochschulen sehen sich im Bereich der beruflichen Fortbildungsveranstaltungen (zwei davon zumindest teilweise) in Konkurrenz zu privaten Anbietern. In Bezug auf die Frage nach den Gründen für fehlende private Anbieter gaben die drei Antwortenden an, dass in diesem Bereich Private aufgrund mangelnder Sachkenntnisse oder mangels der nötigen Ressourcen keine entsprechenden Angebote machten.

Cluster „Sprachkurse“

Weiterbildungsangebote sind auch Sprachkurse außerhalb der curricularen Studiengänge. Hier gaben fünf der sieben Hochschulen an, entsprechende Angebote anzubieten. Diese außercurricularen Sprachkurse werden von jeweils zwei der Hochschulen teilweise oder ausschließlich gegen Entgelt angeboten. Die Berechnungsgrundlage wird von drei Hochschulen angegeben, mit einem uneindeutigen Ergebnis. Aber auch hier sind die fünf betroffenen Hochschulen vollständig oder teilweise in Konkurrenz zu privaten Anbietern tätig, wobei die Gründe für fehlende private Angebote ebenfalls uneindeutig sind.

Cluster „Vorträge, Kurse, Workshops, sonstige Angebote“

Fünf von sieben Hochschulen geben an, dass sie Weiterbildungen wie Vorträgen, Kursen, Workshops und sonstigen Angeboten, die sowohl für Studierende wie auch für fremde Dritte zugänglich sind, anbieten. Hier zeigt sich ein diverses Bild in der Frage nach der Entgeltlichkeit dieser Angebote (Ja = eine, Nein = zwei, Teilweise = zwei). Unter den drei Hochschulen, die Entgelte erheben, zwei gaben an, das Entgelt auf Vollkostenbasis zu berechnen; eine Hochschule gab an, die Berechnung auf Teilkostenbasis vorzunehmen. Auch hier sehen sich die Hochschulen mehrheitlich zumindest teilweise in Konkurrenz zu privaten Anbietern. In Bezug auf die Frage nach den Gründen für fehlende private Angebote gaben die zwei Antwortenden an, dass in diesem Bereich Private wegen mangelnder Sachkenntnisse oder mangelnder Ressourcen keine entsprechenden Angebote machten.

Cluster „kooperative Studiengänge“

Der abschließende Frageblock zielt darauf, einen Überblick über Angebote kooperativer Studiengänge zu erhalten. Nur eine Hochschule gab an, einen kooperativen Studiengang anzubieten. Dieser wird von der betreffenden Hochschule ausschließlich gegen Entgelt angeboten. Das Entgelt wird auf Vollkostenbasis kalkuliert. Das Angebot besteht in Konkurrenz zu privaten Anbietern.

Würdigung der einzelnen Cluster unter den Abgrenzungskriterien des EU-Beihilferechts

Im Folgenden wird bewertet, wie sich die verschiedenen Weiterbildungsangebote in der Hochschulpraxis anhand der EU-beihilferechtlichen Kriterien einordnen lassen. Dabei wird auch aufgezeigt, wo besondere rechtliche Schwierigkeiten bei der Abgrenzung zwischen wirtschaftlichen und nichtwirtschaftlichen Tätigkeiten bestehen.

Würdigung des Clusters „Weiterbildungsstudiengänge“

Weiterbildungsstudiengänge werden von fast allen teilnehmenden brandenburgischen Hochschulen angeboten.

Hinsichtlich der Konkurrenz durch private Organisationen ist festzustellen, dass die Hälfte der antwortenden Hochschulen mindestens teilweise eine Konkurrenz durch private Anbieter sehen. Dies spricht insoweit für eine wirtschaftliche Tätigkeit.

Hinsichtlich der Finanzierungsstruktur werden die Weiterbildungsstudiengänge zu zwei Dritteln entgeltlich auf Vollkostenbasis angeboten. Hier besteht also eine private Finanzierung, die für eine wirtschaftliche Tätigkeit spricht. Zu einem weiteren Drittel werden die Studiengänge zu mindestens 50 % staatlich finanziert (das heißt, hier liegt eine im Wesentlichen staatliche Finanzierung vor). Hier kommt es dann darauf an, wie sich das Kriterium der privaten Konkurrenz zu dem der staatlichen Finanzierung verhält. Dies jedenfalls, soweit es sich bei den betreffenden Studiengängen um „konkurrierende“ handelt.

Eine Gewinnerzielungsabsicht besteht jeweils nicht.

Was die Einbettung in das staatliche Bildungssystem anbelangt, so sind Weiterbildungsstudiengänge an deutschen staatlichen Hochschulen tief in das staatliche Bildungssystem eingebettet. Dies ergibt sich vor allem aus der Hochschulorganisation mit ihrer behördlichen Aufsicht über die Hochschulen.

Was ein mögliches besonderes öffentliches Interesse an Weiterbildungsstudiengängen angeht, so sieht sich wenigstens eine Hochschule gar nicht in Konkurrenz zu privaten Organisationen. Dies insbesondere deswegen, weil nach Auffassung der staatlichen Hochschulen Private nicht über die nötige Sachkenntnis oder Ressourcen verfügen oder aus sonstigen Gründen nur staatliche Hochschulen entsprechende Weiterbildungen anbieten können. In diesen Bereichen, in denen Private nicht leistungsfähig sind, könnte sich also ein besonderes staatliches Interesse ergeben, um hier Weiterbildung überhaupt anbieten zu können.

Vor allem die private Konkurrenz und die überwiegend private Finanzierung sprechen dafür, die entsprechenden Studiengänge mit den derzeit maßgeblichen Kriterien des EU-Beihilferechts als wirtschaftliche Tätigkeiten der Hochschule einzuordnen.

Würdigung des Clusters „Zertifikatskurse"

Zertifikatskurse, die nicht Teil eines vollständigen Studiengangs sind, werden von jeder teilnehmenden Hochschule angeboten. Das Kriterium privater Finanzierung durch Entgelte auf Vollkostenbasis ist hier besonders ausgeprägt. Auch sehen sich die Hochschulen regelmäßig – wenigstens teilweise – privater Konkurrenz gegenüber.

Eine Gewinnerzielungsabsicht ist jedoch auch hier nicht festzustellen.

Eine Einbettung in das staatliche Bildungssystem ist gegeben, da es sich um die Angebote staatlicher Hochschulen handelt.

Ein etwaiges besonderes öffentliches Interesse muss hier aufgrund der deutlich wahrgenommenen privaten Konkurrenz jedoch als geringer bewertet werden als bei Weiterbildungsstudiengängen.

Auch hier sprechen deshalb die besseren Gründe dafür, dass die Grenzen nichtwirtschaftlichen Handelns regelmäßig überschritten werden, was impliziert, dass es sich um eine prima facie wirtschaftliche Tätigkeit handelt. Ein anderes Ergebnis würde sich nur dann ergeben, wenn man die Einbettung in das staatliche Bildungssystem als hinreichende Bedingung nichtwirtschaftlicher Tätigkeiten ansehen würde. Die besseren Gründe sprechen aufgrund der Zielsetzung des EU-Beihilferechts jedoch dagegen.

Würdigung des Clusters „berufliche Fortbildungsveranstaltungen"

Berufliche Fortbildungsveranstaltungen werden ebenfalls von allen teilnehmenden Hochschulen angeboten.

Das Kriterium privater Konkurrenz ist hier ebenfalls deutlich ausgeprägt. Die Hochschulen sehen sich im Bereich beruflicher Fortbildungsveranstaltungen überwiegend privater Konkurrenz gegenüber.

Die Angebote sind weit überwiegend entgeltlich auf Vollkostenbasis ausgestaltet. Auch das Kriterium im Wesentlichen privater Finanzierung ist insoweit erfüllt.

Die Einbettung in das staatliche Bildungssystem könnte also nur dann für nichtwirtschaftliches Handeln sprechen, wenn man dieses Kriterium als hinreichende Bedingung wertet. Dies kann jedoch nicht mit Sicherheit festgestellt werden.

Ein besonderes Interesse ist hier eher schwach ausgeprägt. Denn aufgrund der als lebhaft empfundenen privaten Konkurrenz hat der Staat ein verhältnismäßig geringes Interesse daran, eine mögliche „Weiterbildungslücke" zu füllen.

Würdigung des Clusters „Sprachkurse"

Auch Veranstaltungen im Rahmen des Clusters „Sprachkurse" werden von der überwiegenden Anzahl der teilnehmenden Hochschulen angeboten.

Sie werden von allen Hochschulen – zumindest teilweise – in Konkurrenz zu privaten Anbietern angeboten.

Die Sprachkurse werden regelmäßig gegen Entgelt angeboten. Jedoch gibt es auch unentgeltliche und damit im Wesentlichen staatlich finanzierte Angebote. Darüber hinaus hat eine Hochschule angegeben, das Entgelt auf Teilkostenbasis mit höchstens fünfzigprozentiger Kostendeckung zu kalkulieren. Sofern die staatliche Finanzierung hier bei mehr als 50 % liegen sollte, wäre auch hier eine wesentlich staatliche Finanzierung zu bejahen.

Als Angebote des staatlichen Bildungssystem besteht grundsätzlich eine Einbettung in dieses System.

Zu berücksichtigen ist bei Sprachkursen, dass an bestimmten Angeboten gemäß dem KMK-Leitfaden ein besonderes staatliches Interesse bestehen könnte (etwa an Veranstaltungen des Deutschen

Akademischen Austauschdienstes, DAAD). Ansonsten spricht die starke private Konkurrenz jedoch eher für wirtschaftliche Tätigkeiten.

Würdigung des Clusters „Vorträge, Kurse, Workshops, sonstige Angebote“

Weiterbildungen im Bereich dieses Clusters werden von der überwiegenden Zahl der teilnehmenden Hochschulen angeboten.

Bei der Mehrzahl der Angebote wird private Konkurrenz wahrgenommen, jedoch nicht bei allen. Dies spricht dafür, dass es in diesem Cluster einen Bereich nichtwirtschaftlicher Tätigkeit gibt.

Außerdem bestehen hier zahlreiche unentgeltliche, also staatlich finanzierte Angebote. Hier zeichnet sich also ebenfalls ein Bereich ab, der als nichtwirtschaftlich eingestuft werden kann.

Die Einbettung in das staatliche Bildungssystem ist ebenfalls zu bejahen.

Das besondere öffentliche Interesse könnte sich insbesondere aus der Tatsache ergeben, dass die private Konkurrenz in diesem Cluster als verhältnismäßig schwach ausgeprägt empfunden wird. Hier scheint eine besonders deutliche „Versorgungslücke“ zu drohen, die der Staat mit eigenen Mitteln schließen muss, um seinen Weiterbildungsauftrag zu erfüllen.

Würdigung des Clusters „kooperative Studiengänge“

Kooperative Studiengänge erfüllen wiederum die Kriterien überwiegender privater Finanzierung und Konkurrenz durch Private.

*Gesamtwürdigung hinsichtlich des Kriteriums der **Konkurrenz durch private Anbieter***

EU-Beihilferechtlich problematisch stellt sich die Konkurrenzsituation dar, wenn es private Anbieter gibt. Diese Situation ist vor allem bei der Zusammenarbeit im Rahmen der Weiterbildung mit einem Unternehmen relevant.

Aus den Antworten der Hochschulen ist abzuleiten, dass gewisse „konkurrenzfreie“ Bereiche bestehen. Jedoch ist weit überwiegend eine Konkurrenzsituation anzunehmen, und zwar über alle Cluster der Weiterbildungsangebote hinweg. Die Konkurrenzsituation für Weiterbildungsangebote ist somit im Gesamtbild problematisch für eine Einordung als nichtwirtschaftlich. Ob dies bereits eine hinreichende Bedingung für wirtschaftliche Tätigkeiten darstellt, hat die Europäische Kommission (EK) jedoch bislang nicht klargestellt.

*Gesamtwürdigung hinsichtlich der **staatlichen Finanzierung** und einer **Gewinnerzielungsabsicht***

Die Weiterbildungspraxis an den brandenburgischen Hochschulen zeigt, dass Weiterbildung in verschiedenen Kategorien überwiegend gegen Entgelt auf Vollkostenbasis angeboten wird und daher häufig keine „wesentliche“ Finanzierung durch den Staat gegeben ist. Die nicht vollständige oder wenigstens überwiegende staatliche Finanzierung mehrerer Kategorien von Weiterbildungsangeboten spricht gegen deren Einordnung als nichtwirtschaftlich.

EU-Beihilferechtlich kann es jedoch auch einen Unterschied machen, ob die Hochschule mit einem bestimmten Weiterbildungsangebot Gewinne erzielen oder nur ihre Kosten durch Gebühren decken möchte. Aus der Auswertung der Fragebögen ergibt sich, dass die Hochschulen, sofern sie überhaupt Entgelte für Weiterbildung verlangen, diese maximal auf Vollkostenbasis kalkulieren. Die verschiedenen Kategorien wissenschaftlicher Weiterbildungsangebote sollen somit nicht gewinnbringend angeboten werden. Dies kann für eine Einordnung als nichtwirtschaftlich sprechen. Rechtsprechung und

Kommissionspraxis sind hier jedoch nicht eindeutig. Deshalb kann aus fehlender Gewinnerzielungsabsicht nicht mit Sicherheit eine nichtwirtschaftliche Tätigkeit abgeleitet werden.

*Gesamtwürdigung hinsichtlich der **Einbettung in das jeweilige staatliche Bildungssystem***

Insbesondere im Beschluss der EK zu der privaten tschechischen Hochschule Prerov Logistics College wurde für die Qualifikation als nichtwirtschaftliche Tätigkeit die Einbettung der privaten Einrichtung in das staatliche Bildungssystem betont. Die brandenburgischen staatlichen Hochschulen sind an das BbgHG gebunden. Die Aufsicht über das jeweilige Weiterbildungsangebot liegt also in ihrer Hand und Verantwortung und unterliegt im Rahmen der Hochschulorganisation staatlicher Aufsicht. Daher lässt sich mit sehr guten Gründen vertreten, dass das Kriterium der staatlichen Aufsicht über die in Frage stehenden Tätigkeiten erfüllt ist.

Im Sinne der Beschlusspraxis der EK könnte dies sogar entscheidend für eine nichtwirtschaftliche Tätigkeit sprechen.

*Gesamtwürdigung hinsichtlich eines **besonderen öffentlichen Interesses** an wissenschaftlicher Weiterbildung*

In Bezug auf ein besonderes öffentliches Interesse an wissenschaftlicher Weiterbildung durch staatliche Hochschulen ergibt sich aus diesem Bericht, dass es an Angeboten privater Anbieter – jedenfalls nach Ansicht der öffentlichen Hochschulen – teilweise fehlt. In der Wahrnehmung der Hochschulen fehlen den Privaten in diesen Bereichen insbesondere die Sachkenntnis und die Ressourcen. Die Antworten auf die Weiterbildungsstudiengänge zeigen beispielsweise, dass Angebote privater mangels der nötigen Sachkenntnis und/oder mangels der nötigen Ressourcen nicht angeboten werden oder den Hochschulen unbekannt sind oder nur staatliche Hochschulen ein derartiges Angebot erbringen können.

Gerade dort, wo solche „Versorgungslücken" mit wissenschaftlicher Weiterbildung festzustellen sind, könnte sich ein besonderes öffentliches Interesse an staatlichen Angeboten ergeben. Denn die Notwendigkeit von Weiterbildungsangeboten ist sowohl politisch als auch rechtlich in Deutschland anerkannt. Und dort, wo Private – aus welchen Gründen auch immer – nicht hinreichend tätig werden können, bleibt nur das Angebot der öffentlichen Hochschulen.

Es ist jedoch zu beachten, dass dieses Kriterium von der Rechtsprechung und der EK noch nicht ausreichend ausgeformt wurde. Der KMK-Leitfaden hat es zwar deutlich genannt. Dieser Leitfaden ist aber nicht rechtsverbindlich. Eine diesbezügliche Klarstellung der EK wäre deshalb wünschenswert. Es ist demnach derzeit mit Rechtsunsicherheiten behaftet, sich etwa bei privat finanzierten Angeboten allein auf das besondere öffentliche Interesse zu berufen.

Gesamtwürdigung hinsichtlich der weiteren Tatbestandmerkmale des Beihilfeverbots

Da die öffentliche Finanzierung der Hochschulen nicht in Frage steht, kommt es bei der Begutachtung der Weiterbildungspraxis an den Hochschulen Brandenburg noch auf die Tatbestandsmerkmale der Begünstigung und der Wettbewerbsverfälschung und der daraus folgenden Beeinträchtigung des innergemeinschaftlichen Handels an.

Hinsichtlich der Begünstigung ist auffällig, dass überwiegend die Entgelte auf Vollkostenbasis kalkuliert werden. Dadurch kann die Erfüllung des Beihilfetatbestands verhindert werden. Denn die Weiterbildung kann dann haushaltsneutral gestaltet werden. Erforderlich bleibt aber eine korrekte Trennungsrechnung. Besonders zu achten ist auch auf marktangemessene Entgelte. Auch Pauschalen können grundsätzlich Bestandteil einer zulässigen Preisgestaltung sein.

Hinsichtlich der Wettbewerbsverfälschung und der Beeinträchtigung des innergemeinschaftlichen Handels, es besteht überwiegend Konkurrenz zu privaten Anbietern. Im Einzelfall zu prüfen ist aber neben dem Bestehen eines Marktes überhaupt für das jeweilige Weiterbildungsangebots auch, ob dieser nur lokal begrenzt ist. Denn das EU-Beihilferecht bezieht sich nur auf binnenmarktrelevante wirtschaftliche Tätigkeiten. Bei einer hinreichenden lokalen Beschränkung von Weiterbildungsangeboten wäre der Beihilfetatbestand deshalb nicht erfüllt.

Gesamtwürdigung hinsichtlich der Rechtsfertigungsmöglichkeiten und Ausnahmen vom Beihilfeverbot

Ob und wenn ja, wie von den Rechtsfertigungs- und Ausnahmemöglichkeiten vom Beihilfeverbot Gebrauch gemacht wird, lässt sich der Befragung der Hochschulen nicht entnehmen. Auffällig ist allerdings, dass vier der sieben teilnehmenden Hochschulen angaben, keine Kenntnis von der DAWI-Mitteilung zu haben. Es lässt sich also annehmen, dass wesentliche Möglichkeiten der Gestaltung der Hochschulfinanzierung nicht allen Hochschulen bekannt sind.

Einordnung von Weiterbildungsangeboten anderer Bundesländer

Um die oben erörterte Hochschulpraxis in Brandenburg ins Verhältnis zu weiteren relevanten deutschen Bundesländern zu setzen, werden im Folgenden anhand öffentlich zugänglicher Informationen Weiterbildungsangebote staatlicher Hochschulen in Bayern, Hessen und Nordrhein-Westfalen dargestellt.

Weiterbildungsangebote öffentlicher Hochschulen in Bayern

Auch im Freistaat Bayern ist die Weiterbildung im staatlichen Bildungssystem verankert. Die Weiterbildungsangebote sind nach den öffentlich zugänglichen Informationen jedoch regelmäßig nicht vollständig staatlich finanziert.

Die Weiterbildung an bayerischen Hochschulen ist sowohl in die Bayerische Verfassung als auch in das bayerische Hochschulgesetz (BayHSchG) eingebettet. In Art. 139 der Bayerischen Verfassung wird die Förderung der Erwachsenenbildung durch Volkshochschulen und sonstige mit öffentlichen Mitteln unterstützte Einrichtungen geregelt. Gemäß Art. 2 Abs. 1 des Bayerischen Hochschulgesetzes dienen die Hochschulen in Bayern der Pflege und Entwicklung der Wissenschaften und der Künste durch Forschung, Lehre, Studium und Weiterbildung in einem freiheitlichen, demokratischen und sozialen Rechtsstaat.

In Art. 2 Abs. 5 BayHSchG wird die wissenschaftliche Weiterbildung als ein Teil der Aufgabenstellung der Hochschulen festgelegt. Studiengänge können dementsprechend gemäß Art. 56 Abs. 4 BayHSchG auch als berufsbegleitende Studiengänge angeboten werden. Darüber hinaus können zum Erwerb von wissenschaftlichen oder beruflichen Teilqualifikationen nach Art. 56 Abs. 6 BayHSchG Modulstudiengänge angeboten werden, in denen einzelne Module eines grundständigen oder postgradualen Studiengangs absolviert werden. Ferner Zusatzstudiengänge, in denen parallel zu einem grundständigen oder postgradualen Studiengang weitere Teilqualifikationen erworben werden, sowie spezielle weiterbildende Studien.

Die gesetzlichen Vorgaben sehen eine gemischt öffentlich-private Finanzierungsstruktur vor, die im Einzelfall schwerpunktmäßig oder ausschließlich öffentlich oder privat sein kann. Für berufsbegleitende Studiengänge erheben die Hochschulen entsprechend dem erhöhten Aufwand für das Studium in einem berufsbegleitenden Studiengang Gebühren (siehe Art. 56 Abs. 4 sowie Art. 71 Abs. 2 BayHSchG). Dementsprechend muss die Hochschule oder die jeweilige Fakultät eine Kosten- oder Gebührenkalkulation für den geplanten Studiengang erstellen (Baudach; Fraunhofer; Heese et al., 2014[1]). Entsprechend § 2 Abs. 2-4 der Hochschulgebührenverordnung (im Folgenden: HSchGebV) richtet sich die Gebühr nach dem Umfang der Lehrveranstaltungen. Dabei ist aber ein Gebührenrahmen festgelegt. Die

Höchstgebühr liegt gemäß § 2 Abs. 3 HSchGebV bei EUR 200 pro Person und Einzelstunde. Für ein berufsbegleitendes Studium sieht § 2 Abs. 4 HSchGebV Gebühren von höchstens EUR 2.000 pro Semester vor. Dementsprechend ist davon auszugehen, dass die Gebühren nicht in jedem Fall kostendeckend sind. Eine im Wesentlichen staatliche Finanzierung einzelner Weiterbildungsangebote ist also im Einzelfall möglich.

Weiterbildungsangebote öffentlicher Hochschulen in Hessen

Für Hessen ergibt sich ein ähnlicher Befund. Es besteht eine deutliche Einbettung der Weiterbildung in das öffentliche Bildungssystem. Dabei sollen die einzelnen Angebote aber grundsätzlich kostendeckend durch Entgelte finanziert werden. Es dürfte also regelmäßig an einer im Wesentlichen staatlichen Finanzierung fehlen.

Die Ausgestaltung der Weiterbildung ist für die hessischen Hochschulen in § 16 HessHG geregelt, ergänzt durch § 7 Abs. 1 Hessisches Weiterbildungsgesetz. § 16 HessHG sieht vor, dass die Hochschulen Weiterbildungsangebote zur wissenschaftlichen Vertiefung und Ergänzung berufspraktischer Erfahrungen entwickeln und anbieten. Die Kooperation mit Privaten ist in § 3 Abs. 9 HessHG auch zum Ausbau der Weiterbildungsangebote vorgesehen. Die verschiedenen Weiterbildungsprogramme, wie Masterstudiengänge, Weiterbildungsprogramme mit Zertifikaten und postgraduale Studienprogramme werden von den Hochschulen divers ausgestaltet.

Gemäß § 16 Abs. 3 HessHG sind „insgesamt“ kostendeckende Entgelte zu erheben. Zuständig für die Festlegung der Entgelte ist das Präsidium der jeweiligen Hochschule.

Weiterbildungsangebote öffentlicher Hochschulen in Nordrhein-Westfalen

Im bevölkerungsreichsten Bundesland Nordrhein-Westfalen sind mit 14 Universitäten und 16 Hochschulen für angewandte Wissenschaften und sieben staatlichen Kunst- und Musikhochschulen entsprechend mehr Hochschulen angesiedelt als in Brandenburg. Auch in Nordrhein-Westfalen ergibt der gesetzliche Befund, dass die Weiterbildung als Hochschulaufgabe gesetzlich im staatlichen Bildungssystem verankert ist. Entsprechende Angebote sollen jedoch kostendeckend über Gebühren und Entgelte finanziert werden. Dies spricht deutlich für eine im Wesentlichen private Finanzierung.

Das Hochschulgesetz NRW regelt in § 62 Hochschulgesetz NRW (HG NRW) die wissenschaftliche und künstlichere Weiterbildung an Hochschulen grundsätzlich in ähnlicher Weise wie das BbGHG. Abweichend sind jedoch die Gestaltungsmöglichkeiten für Hochschulen im Bereich Weiterbildung. Gemäß § 25 Abs. 4 BbgHG können zur Durchführung der Weiterbildungsangebote Kooperationen mit „geeigneten Einrichtungen“ außerhalb des Hochschulbereichs eingegangen werden, solange die Hochschulen für die Inhalte und Prüfungen verantwortlich bleiben. In § 62 Abs. 2 HG NRW wird grundsätzlicher die Möglichkeit eröffnet, Weiterbildung in öffentlich-rechtlicher Weise oder in privatrechtlicher Wiese anzubieten. Kooperationen mit (privaten) Dritten sind zum Angebot von Weiterbildungen möglich, § 3 Abs. 3 HG NRW. Besonders geregelt ist auch die Möglichkeit, Sprachkurse, die für den Hochschulzugang vorausgesetzt werden, anzubieten, sowie Vorbereitungskurse, die nach § 48 Abs. 10 S. 4 HG NRW auf privatrechtlicher Grundlage angeboten werden können.

Bei öffentlich-rechtlichen Weiterbildungsangeboten soll gemäß § 62 Abs. 5 S. 1 HG NRW eine kostendeckende Gebühr festgesetzt werden[2], bei privatrechtlich organisierten Weiterbildungsangeboten sind Entgelte zu erheben. Die gesetzliche Anweisung öffentlich-rechtlich ausgestaltete Weiterbildungsangebote kostendeckend zu finanzieren, spricht für die Einordnung der entsprechenden Tätigkeiten als wirtschaftliche Tätigkeiten.

Zwischenergebnis zur Lage in Bayern, Hessen und Nordrhein-Westfalen

Die Ausgestaltung der Rolle und der Anforderungen an Weiterbildungsangebote von Hochschulen in den unterschiedlichen Bundesländern beleuchtet die wesentliche Rolle, die die Landesgesetzgeber den Hochschulen in der Weiterbildung zuweisen.

Im Einzelnen sind dabei auch länderspezifische Besonderheiten zu beachten, so etwa in Bezug auf die Frage, welchen privatrechtlichen Instrumenten sich Hochschulen im Bereich der Weiterbildung bedienen können. Für diese Betrachtung besonders relevant ist, dass nach den zur Verfügung stehenden Erkenntnissen die Weiterbildungstätigkeiten der Hochschulen eindeutig in das staatliche Bildungssystem eingebettet sind, während aber zugleich nicht von einer im Wesentlichen staatlichen Finanzierung der Weiterbildungsangebote ausgegangen werden kann.

Hier wird also das Problem der Rangfolge der Abgrenzungskriterien wieder aktuell. Dies insbesondere auch deshalb, da angesichts der vielen privaten Anbieter von Weiterbildung in Deutschland grundsätzlich von privater Konkurrenz zu den staatlichen Angeboten auszugehen ist. Es lässt sich vor dem Hintergrund dieser Finanzierungsstruktur jedenfalls nicht rechtssicher annehmen, dass die EK die entsprechenden Angebote als nichtwirtschaftlich ansehen würde.

Quellennachweise

Baudach; Fraunhofer; Heese et al. (2014), *Leitfaden zur Entwicklung berufsbegleitender Studienangebote: OHO-Arbeitsbericht*, https://w3-mediapool.hm.edu/mediapool/media/dachmarke/dm_lokal/oho/oho1/informationsmaterial/veroeffentlichungen_2/intern_3/ab_2_leitfaden_studiengangentwicklung.pdf. [1]

Endnoten

[1] Die zwei Verwaltungshochschulen sind nicht Gegenstand dieser Betrachtung.

[2] Zu beachten ist hierbei jedoch, dass es sich um eine sogenannte „Soll"-Vorschrift handelt, bei der – gestützt auf eine entsprechende Begründung – Abweichungen grundsätzlich möglich sind. Siehe dazu auch BVerfG, Urteil vom 28.02.1973 – VIII C 49/72, NJW 1973, 1206, 1207.

5 Handlungsempfehlungen

Dieses Kapitel stützt sich auf die Analyse in den vorangegangenen Kapiteln, um eine Reihe von Empfehlungen zu geben, wie die brandenburgische Landesregierung und die Hochschulen des Landes mit den Rechtsunsicherheiten umgehen können, denen sie ausgesetzt sind. Insbesondere wird eine Reihe von Klassifizierungsinstrumenten vorgestellt, die von den Hochschulen bei der Gestaltung und Entwicklung von Weiterbildungsprogrammen verwendet werden sollten, um sicherzustellen, dass ihre Klassifizierung von Programmen den Beihilfevorschriften der Europäischen Union entspricht. Das Kapitel empfiehlt der Landesregierung die Entwicklung einer Richtlinie, die den Hochschulen helfen soll, das rechtliche Risiko zu minimieren. Darüber hinaus unterbreitet es der Europäischen Kommission Vorschläge, wie die Anwendung des europäischen Rechts auf die Weiterbildung geklärt werden kann.

Einführung

Weiterbildung ist als Kernaufgabe der Hochschulen in Deutschland rechtlich festgeschrieben (siehe für alle deutschen Hochschulen § 2 Abs. 1 S. 1 HRG und für Brandenburg § 25 BbgHG).

Die digitale Transformation der Wirtschaft und die zunehmende Digitalisierung sowie Automatisierung der Arbeitswelt führen dazu, dass sich Berufsbilder und Qualifikationsprofile deutlich verändern (BMAS, 2020[1]). Neue Technologien werden sich auch auf Arbeitsplätze und die hierfür erforderlichen Qualifikationen auswirken. So prognostiziert die OECD, dass sich mehr als 50 % aller Berufe auf dem deutschen Arbeitsmarkt bis 2030 grundlegend verändern werden (Nedelkoska and Quintini, 2018[2]). Vor allem der vermehrte Einsatz von mobilen Robotern, selbstlernenden Computern sowie virtueller Realität führt dazu, dass immer mehr berufliche Tätigkeiten höhere Qualifikationen verlangen würden. Darüber hinaus bedeuten die Alterung der Bevölkerung und die Verbesserung des Gesundheitszustands, dass die Menschen voraussichtlich länger im Erwerbsleben verbleiben werden als in der Vergangenheit, was dazu führt, dass die Bevölkerung die Möglichkeiten zur Weiterbildung stärker nutzen muss. Daher ist die Bereitstellung besserer Weiterbildungsmöglichkeiten für Arbeitnehmer eine wichtige Priorität für alle Regierungen, auch für die deutschen Bundesländer.

Auch auf der Ebene der Europäischen Union (EU) gelten berufliche Weiterbildung und lebenslanges Lernen als strategische politische Ziele, um Wettbewerbsfähigkeit auch während der beschriebenen Transformation zu wahren. Schließlich hat sich auch die Bundesregierung zum Ziel gesetzt, berufliche Weiterbildung und lebenslanges Lernen stärker zu fördern (BMAS, 2020[1]). Weiterbildung ist auch für das Land Brandenburg von entscheidender Bedeutung, da es sich den Herausforderungen des demografischen und wirtschaftlichen Wandels stellen muss und seine Arbeitskräfte mit höheren Qualifikationen ausstatten muss.

Die OECD empfiehlt, die Hürden für Fort- und Weiterbildung insbesondere für unterrepräsentierte Gruppen abzubauen (OECD, 2021[3]), zum Beispiel durch finanzielle Anreize, Bildungsurlaub und Anerkennung am Arbeitsplatz erworbener Kompetenzen. Darüber hinaus hält sie eine Flexibilisierung des Weiterbildungsangebots für sinnvoll, etwa durch modulare Angebote.

Umso wichtiger ist es, die Finanzierung solcher Weiterbildungsangebote so zu regeln, dass sie mit den EU-Beihilfevorschriften vereinbar ist, denn Weiterbildungsangebote werden auf einem breiten Markt durch öffentliche und private Anbieter zur Verfügung gestellt. Die Anwendung des EU-Beihilfenrechts auf staatlich finanzierte Weiterbildungsangebote ist aber trotz einiger Beschlüsse des Europäischen Gerichtshofs (EuGH) und der Europäischen Kommission (EK) weiterhin in wesentlichen Bereichen unklar. Vor allem die Einstufung von staatlich finanzierter wissenschaftlicher Weiterbildung als wirtschaftlich oder nichtwirtschaftlich vor dem Hintergrund des Unternehmensbegriffs des Art. 107 Abs. 1 AEUV ist durch den EuGH nicht getroffen worden.

Auch der Leitfaden der KMK schafft in vielen Fällen keine Klärung und wird als unvollständig und zu eng betrachtet. So heißt es im Leitfaden:

> *„Die Einordnung der wissenschaftlichen Fort- und Weiterbildung von Hochschulen als wirtschaftliche Tätigkeit wird differenziert gesehen. Grundsätzlich ist dort, wo Angebote sich in Konkurrenz zu anderen Angeboten, insbesondere von privaten Anbietern befinden, von einem Markt und damit einer wirtschaftlichen Tätigkeit auszugehen. Insbesondere deswegen, weil die Zuordnung der Weiterbildung als gesetzliche Aufgabe der Hochschulen zwar im deutschen, nicht aber im europäischen Recht durchgehend vorgesehen ist, wird den Hochschulen seitens der Wirtschaftsprüfer geraten, die Weiterbildung grundsätzlich als wirtschaftliche Tätigkeit auszuweisen (s.o.)." (KMK, 2017[4]).*

Für den engen Ansatz der KMK spricht, dass auch nach Auffassung der EK allgemein eine Konkurrenz zu privaten Anbietern für eine wirtschaftliche Tätigkeit spricht. Es ist aber nicht nachvollziehbar, warum das Fehlen einer europaweit einheitlichen Eingliederung der Weiterbildung in das staatliche Bildungssystem von entscheidender Bedeutung sein soll. Zudem stellt sich auch die Frage, ob es praxisgerecht ist, dass nach dem Leitfaden eine staatliche Finanzierung des Weiterbildungsangebots von unter 50 % zu einer Qualifikation als wirtschaftlich führt.

Letztlich ist das Fallrecht maßgeblich, wie es sich in der Rechtsprechung und der Verwaltungspraxis der EK entwickelt. Jedes Weiterbildungsangebot ist als Einzelfall anhand der in Kapitel 3 herausgearbeiteten Kriterien von Rechtsprechung und Kommissionspraxis zu prüfen und als wirtschaftlich oder nichtwirtschaftlich einzuordnen. Dabei ist festzuhalten, dass sich diese Kriterien durch neue Beschlüsse stets weiterentwickeln oder verfeinern können. Da die Veröffentlichung neuer Beschlüsse einige Zeit in Anspruch nehmen kann, ist auch nicht auszuschließen, dass es bereits heute einzelne Gerichts- oder EK-Beschlüsse gibt, die den in diesem Bericht getroffenen Aussagen widersprechen.

Die EU-beihilferechtskonforme Umsetzung dieser Aufgabe liegt in den Händen von drei Akteuren: Der EK, den die Weiterbildung anbietenden Hochschulen und in Brandenburg dem Ministerium für Wissenschaft, Forschung und Kultur (MWFK). Nur die EU-Organe sind imstande, Rechtssicherheit bei der EU-beihilferechtlichen Einordnung von Weiterbildung im Bereich des EU-Beihilfenrechts zu schaffen. Eine Klarstellung hinsichtlich der Einordnung wissenschaftlicher Weiterbildung erscheint aber zumindest mittelfristig fraglich. Daher sollten öffentliche Hochschulen den aktuellen, sich laufend weiterentwickelnden Stand der Rechtsprechung und der Verwaltungspraxis der EK bei der Einstufung von Weiterbildungsangeboten als beihilfenrechtskonform berücksichtigen.

Dieser Bericht enthält – auf der Grundlage der rechtlichen Analyse – Empfehlungen:

- die EK sollte aufgefordert werden, die beihilferechtlichen Vorschriften für die staatliche Finanzierung der Weiterbildung an Hochschulen zu vereinfachen und zu präzisieren;
- die Hochschulen sollten ein standardisiertes Verfahren zur Einstufung von Weiterbildung verwenden, das sich an der Rechtsprechung des EuGH und der EK-Verwaltungspraxis orientiert und auch die Preise/Entgelte entsprechend festlegen;
- das MWFK sollte eine Richtlinie formulieren, die den Prozess der Einstufung von Weiterbildungsangeboten, die beihilferechtskonforme Ausgestaltung eines Weiterbildungsangebots und die möglichen Ausnahmen und Befreiungen vom Beihilfeverbot beschreibt.

Eine solche Richtlinie wäre nicht notwendig mit der Bereitstellung neuer Finanzierungsmittel verbunden, sondern könnte auf Mittel der Grundfinanzierung abzielen. Diese Richtlinie könnte dann im Rahmen einer (Prä-)Notifizierung bei der EK angemeldet werden. Die Billigung einer Beihilfepraxis durch die EK erscheint als praktisch gangbarer Weg, um größtmögliche Rechtssicherheit für die brandenburgischen Hochschulen zu schaffen.

Die Empfehlungen in diesem Kapitel richten sich daher nicht nur an die EK und die brandenburgischen Hochschulen, sondern vor allem auch an das MWFK und zeigen, wie die Aufgabe der Finanzierung und Durchführung wissenschaftlicher Weiterbildung beihilfenrechtskonform umgesetzt werden kann.

Anregungen gegenüber der Europäischen Kommission (EK)

Eine Möglichkeit auf politischer Ebene Rechtssicherheit zu schaffen besteht darin, bei der EK auf Klarstellungen hinsichtlich der Einordnung wissenschaftlicher Weiterbildung hinzuwirken[1]. Eine zentrale Empfehlung geht dahin, das EU-Beihilfenrecht im Hinblick auf wissenschaftliche Weiterbildungsangebote öffentlicher Hochschulen zu vereinfachen. Die Anwendung der EU-Beihilferegeln ist mit der herausragenden Bedeutung von Weiterbildung und dem Ziel, im Sinne des lebenslangen Lernens die Weiterbildung zu stärken, nur schwer vereinbar. Angeregt wird daher, die finanziellen Fördermöglichkeiten der Mitgliedstaaten für Weiterbildung einfach und rechtssicher zu gestalten.

Ein praxistauglicher Weg könnte darin bestehen, die wissenschaftliche Weiterbildung im Unionsrahmen für staatliche Beihilfen zur Förderung von Forschung, Entwicklung und Innovation (FuE-Rahmen) als grundsätzlich nichtwirtschaftliche Tätigkeit der Hochschulen zu nennen. Außerdem wäre eine Klarstellung wünschenswert, nach welchen Kriterien wissenschaftliche Weiterbildung als wirtschaftlich oder nichtwirtschaftlich einzustufen ist. Schließlich würden die Hochschulen davon profitieren, dass die derzeitige Überarbeitung der 20%-Klausel, die besagt, dass eine wirtschaftliche Tätigkeit dann als finanzierbar gilt, wenn sie dieselben Inputs wie die (nichtwirtschaftliche) Haupttätigkeit verbraucht und nicht mehr als 20 % der Gesamttätigkeit ausmacht, zu einer einfacheren Anwendbarkeit führt. Im derzeit bestehenden Entwurf des FuE-Rahmens wird jedoch nur klargestellt, dass der Umfang der wirtschaftlichen Nutzung gemäß Randnummer 20 des FuE-Rahmens für einen Zeitraum von 10 Jahren überwacht wird (EC, 2021[5]).

Standardisierung der Einzelfallprüfung an den Hochschulen

Vor dem Hintergrund

- der Rechtsunsicherheiten bei der EU-beihilfenrechtlichen Beurteilung;
- der laufenden Revision des FuE-Rahmens;
- der anhaltenden Kontroversen um die genauen Kriterien für die Einordnung von Weiterbildungsangeboten;
- der Wahrscheinlichkeit, dass sich die Lösung dieser Probleme in die Länge ziehen wird.

eine Zwischenlösung für die durch die Weiterbildung aufgeworfenen rechtlichen Fragen gefunden werden muss. Im Sinne eines Risikomanagements dieser Bericht empfiehlt die folgenden Schritte für die weiterhin erforderliche Einzelprüfung eines Weiterbildungsangebots.

Die Empfehlungen basieren auf der im Bericht (Kapitel 3) zitierten Rechtsprechung und Beurteilungspraxis der EK. Durch die fortlaufende Entwicklung des EU-Beihilferechts können sich diese Maßstäbe ändern. Es ist auch nicht auszuschließen, dass im Einzelfall abweichende, hier nicht zitierte Rechtsprechung und Beurteilungspraxis eine differenzierte Einschätzung erfordert. Jedes Weiterbildungsangebot bleibt daher letztlich als Einzelfall am Maßstab des EU-Beihilferechts zu bewerten; die nachfolgend genannten Maßstäbe können hier nur als Hilfestellung zum Zeitpunkt des Abschlusses dieses Berichtes angesehen werden.

Schritt 1: Prüfung EU-Beihilferecht auf Tatbestandsebene

Das folgende Prüfschema (Abbildung 5.1) soll für die Einordung eines Weiterbildungsangebots eine Orientierung über die zu prüfenden Kriterien auf Tatbestandsebene geben.

Abbildung 5.1. Prüfschema für die Hochschulen über die zu prüfenden Kriterien bei der Einordung eines Weiterbildungsangebots

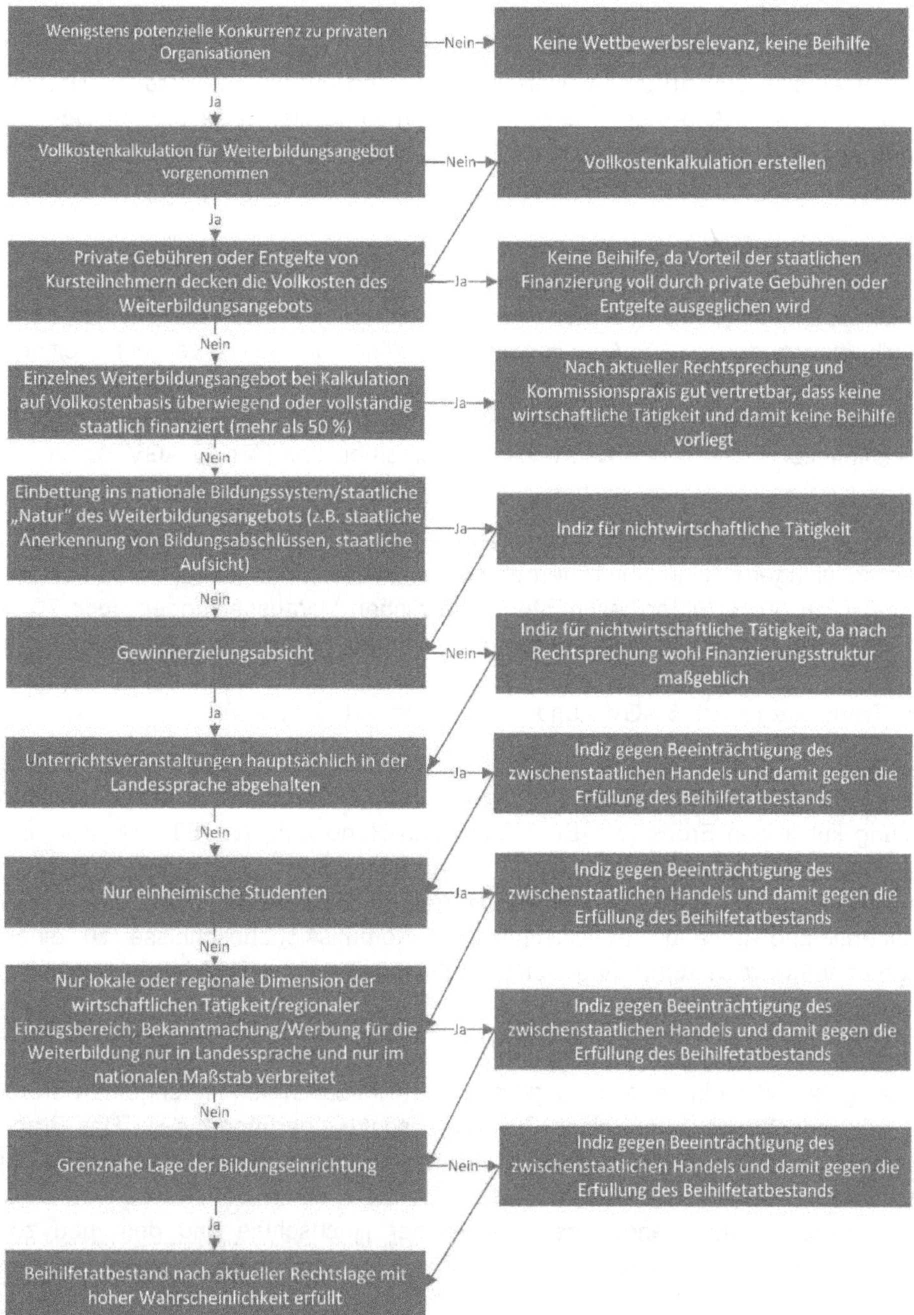

Schritt 2: Bei Bejahung des EU-Beihilfetatbestands: Ausnahmen und Rechtfertigungsmöglichkeiten prüfen

Wenn die Prüfung eines konkreten Weiterbildungsangebots ergibt, dass der Tatbestand der Beihilfe nicht erfüllt ist, greift das Beihilfeverbot des Art. 107 Abs. 1 AEUV nicht. Andernfalls kommt es auf Ausnahmen und Rechtfertigungsmöglichkeiten an, die so weit wie möglich ausgenutzt werden sollten.

De-minimis und DAWI-De-minimis Beihilfen

Eine in der Praxis häufig erprobte Ausnahme vom Beihilfeverbot stellen De-minimis Beihilfen und DAWI-De-minimis Beihilfen dar. Eine De-minimis Beihilfe ist eine Beihilfe, die in einem Zeitraum von drei Jahren einen Gesamtbetrag von EUR 200 000 (bzw. EUR 500 000 bei Dienstleistungen von allgemeinem wirtschaftlichen Interesse [DAWI]) an ein Unternehmen (und mit ihm verbundene Unternehmen) nicht überschreitet (EC, 2013[6]). Angesichts dieser niedrigen Schwellenwerte dürften De-minimis-Beihilfen häufig nicht das gesamte Weiterbildungsangebot der jeweiligen Hochschule abdecken. Trotzdem kann diese Art der Beihilfe einen finanziellen Spielraum der Hochschulen begründen.

Allgemeine Gruppenfreistellungsverordnung

Einzelne Weiterbildungsangebote könnten auch unter bestimmte Tatbestände der Allgemeinen Gruppenfreistellungsverordnung (AGVO) fallen und als solche vom Beihilfeverbot befreit sein. In Betracht kommen in diesem Zusammenhang Ausbildungsbeihilfen (Art. 31 AGVO); Beihilfen zum Ausgleich der Kosten für die Unterstützung benachteiligter Arbeitnehmer (Art. 35 AGVO), Beihilfen für Kultur und die Erhaltung des kulturellen Erbes (Art. 53 AGVO) oder Anlaufbeihilfen (Art. 22 AGVO).

Ausbildungsbeihilfen sind solche Beihilfen, die an Unternehmen zur Schulung des eigenen Personals gewährt werden; ausgenommen sind vom Unternehmen verpflichtend durchzuführende Weiterbildungen (wie Sicherheitsschulungen). Nimmt ein Unternehmen ein Weiterbildungsangebot einer Hochschule wahr, können die Kosten zu 50 % (unter bestimmten zusätzlichen Voraussetzungen auch 70 %) durch eine Beihilfe (z.B. ein vergünstigtes Angebot einer Hochschule) gedeckt werden. Dabei müssen jedoch grundsätzlich die allgemeinen Anforderungen des Kapitel I und Kapitel II der AGVO gewahrt werden (insbesondere Transparenz, Art. 5 AGVO und Anreizeffekt, Art. 6 AGVO).

In Betracht kommt auch eine anteilige Beihilfe für die Ausbildung des für die Unterstützung von benachteiligten Arbeitnehmern benötigten Personals, Art. 35 AGVO, sowie für Weiterbildungsangebote, die die Erhaltung kulturellen Erbes (wie Brauchtum und Handwerk, Art. 53 Abs. 2 lit. c) AGVO, oder Tätigkeiten im Bereich der kulturellen und künstlerischen Bildung, Art. 53 Abs. 2 lit. e) AGVO, wie z.B. eine musikalische Weiterbildung) betreffen. Bei Kulturbeihilfen im Sinne von Art. 53 Abs. 2 lit. e AGVO kann in der Praxis Orientierung anhand der einschlägigen Kommissionsbeschlüsse zu einer spanischen Musikschule gefunden werden, deren Angebot aufgrund von Art. 53 AGVO teilweise beihilfefrei öffentlich finanziert werden durfte.

Eine Anlaufbeihilfe nach Art. 22 AGVO könnte in den Fällen von Interesse sein, in denen das Weiterbildungsangebot von einem neu zu gründenden Unternehmen durchgeführt werden soll. Das Unternehmen darf jedoch nicht durch einen Zusammenschluss gegründet sein. Das Brandenburgische Hochschulgesetz wiederum erlaubt nur die organisatorische Durchführung und Vermarktung durch ein Kooperationsunternehmen; die Hochschule muss aber stets einen beherrschenden Einfluss auf das Unternehmen behalten. Damit handelt es sich bei der Hochschule und dem neu zu gründenden Unternehmen um verbundene Unternehmen (Art. 3 Abs. 3 Anhang I AGVO) und eine Förderung scheidet regelmäßig aus.

Erfüllt ein spezifisches Weiterbildungsangebot die hier vorgenannten Voraussetzungen, sollte das Vorliegen der allgemeinen und spezifischen Anforderungen der AGVO geprüft werden.

FuE-Rahmen und 20 %-Klausel

Vor allem könnte in Zukunft die 20 %-Klausel, die besagt, dass eine wirtschaftliche Tätigkeit dann als finanzierbar gilt, wenn sie dieselben Inputs wie die (nichtwirtschaftliche) Haupttätigkeit verbraucht und nicht mehr als 20 % der Gesamttätigkeit ausmacht, eine praxisgerechte Ausnahme bieten. Derzeit wird sie seitens der EK überarbeitet, um sie handhabbarer zu machen und rechtliche Unsicherheiten auszuräumen. Mithilfe der 20 %-Klausel können bei nur untergeordneter Bedeutung der wirtschaftlichen

Tätigkeiten sämtliche wirtschaftliche Tätigkeiten der Hochschule als nichtwirtschaftliche Tätigkeiten gefasst werden, sofern keine zusätzlichen Inputs erforderlich sind und die 20%-Kapazitätsgrenze nicht überschritten wird (vgl. Ziffer 20 des FuE-Rahmens).

Weiterbildung als Dienstleistung von allgemeinem wirtschaftlichem Interesse (DAWI)

Im Einzelfall kann sich eine Ausnahme vom Beihilfeverbot ergeben, wenn die Beihilfe für Weiterbildungsangebote als Dienstleistung von allgemeinem wirtschaftlichem Interesse (DAWI) ausgestaltet wird. Die Ausgestaltung einer DAWI wurde (u.a) durch den Freistellungsbeschluss der EK für DAWI-Beihilfen (2012/21/EU) vom 20. Dezember 2011 (DAWI-Freistellungsbeschluss) konkretisiert (EC, 2012[7]). Der Beschluss ist anwendbar, wenn die jährliche durchschnittliche Höhe der Ausgleichsleistung von 15 Mio. EUR (vgl. Art. 2 Abs. 1 a) DAWI-Freistellungsbeschluss) nicht überschritten wird.

Betroffen sind staatliche Beihilfen, die – unabhängig von ihrer Art – als Ausgleich gewährt werden, um die defizitäre Erbringung von „Dienstleistungen von allgemeinem wirtschaftlichem Interesse“ (EC, 2012[8]) (EC, 2013[9]) durch ein Unternehmen zu kompensieren, das mit der Erbringung dieser Dienstleistungen vom Staat betraut wurde. Das Vorliegen einer DAWI muss anhand konkreter Umstände begründet werden. Dazu gehört, dass die Dienstleistung nicht im eigenen gewerblichen Interesse des erbringenden Unternehmens, sondern im Interesse der Allgemeinheit liegen muss und daher ohne die Betrauung von diesem nicht oder jedenfalls nicht im gleichen Umfang oder nicht zu den gleichen Konditionen erbracht werden würde. Dies kann für Weiterbildungsangebote – mit einer auf den Einzelfall bezogenen und umfassenden Begründung – fallweise angenommen werden.

Während die Festlegung einer Dienstleistung als eine solche von allgemeinem wirtschaftlichem Interesse durch den Mitgliedsstaat nur einer beschränkten Überprüfung durch die EK unterliegt, ist der Akt der Betrauung bereits in rechtlicher Hinsicht mit Unsicherheit behaftet. Der Betrauungsakt ist ein öffentlicher Hoheitsakt, mit dem einem Unternehmen eine Dienstleistung von allgemeinem wirtschaftlichem Interesse übertragen wird. Die Übertragung, die regelmäßig durch einen Verwaltungsakt oder einen öffentlich-rechtlichen Vertrag erfolgt, muss entsprechend Art. 4 des DAWI-Freistellungsbeschlusses jedenfalls Ausführungen zu folgenden Elementen enthalten:

- Gegenstand und Dauer der gemeinwirtschaftlichen Verpflichtungen;
- das Unternehmen und ggf. das betreffende Gebiet;
- die Art etwaiger dem Unternehmen durch die Bewilligungsbehörde gewährter ausschließlicher oder besonderer Rechte;
- Beschreibung des Ausgleichsmechanismus und Parameter für die Berechnung, Überwachung und Änderung der Ausgleichsleistungen;
- Maßnahmen zur Vermeidung und Rückforderung von Überkompensationszahlungen.

Insbesondere bedarf die Ermittlung der Nettomehrkosten (und damit zugleich die zulässige Höhe der Beihilfe) einer ausführlichen Beschreibung. Für die Ermittlung müssen sowohl die Berechnungen (Umsätze und Erträge der DAWI, abzüglich der angefallenen Gesamtkosten und einem angemessenen Gewinn auf das eingesetzte Kapital sowie die Ausgleichsleistungen), als auch Ausführungen zur Vermeidung einer Überkompensation dargestellt werden.

Außerdem muss das die DAWI-Beihilfe empfangende Unternehmen auf die aus Art. 5 Abs. 9 DAWI-Freistellungsbeschluss folgenden Anforderungen an eine getrennte Buchführung (für DAWI- und sonstige Dienstleistungen) verpflichtet werden. Darüber hinaus ergeben sich Anforderungen aus dem DAWI-Freistellungsbeschluss vom 20 Dezember 2011, die im Einzelfall zu prüfen sind.

Angesichts dieser umfangreichen Regelungen ergeben sich für die Praxis erhebliche Herausforderungen. Nichtsdestotrotz könnten DAWIs insbesondere in solchen Bereichen prüfenswert sein, die stark vom derzeitigen Strukturwandel betroffen sind, oder auch solchen, in denen die Ausbildung qualifizierter

Arbeitskräfte besonders im öffentlichen Interesse liegt. In Betracht kämen hier etwa Weiterbildungsangebote im sozialen, medizinischen und pflegerischen Sektor. Das öffentliche Interesse könnte hier darin bestehen, ausreichend qualifiziertes Personal zu erschwinglichen Entgelten in Brandenburg auszubilden und mittel- sowie langfristig als Arbeitskräfte an das Land zu binden.

Schritt 3: EU-Beihilfenrechtskonforme Preisgestaltung

Mittelbare Beihilfe bei Zusammenarbeit mit Wirtschaftsunternehmen durch EU-beihilfenrechtskonforme Preisgestaltung vermeiden

Bei der Zusammenarbeit mit Wirtschaftsunternehmen im Rahmen der Weiterbildung ist eine EU-beihilfenrechtskonforme Preisgestaltung vorzunehmen, um auch eine mittelbare Beihilfe zugunsten des Industriepartners oder sonstigen Wirtschaftsunternehmens zu vermeiden. Ist die betreffende Kooperation der Hochschule mit einem Wirtschaftsunternehmen als wirtschaftliche Tätigkeit einzustufen, kann durch eine Preiskalkulation der Hochschule zu Vollkosten plus Gewinn oder zu einem Marktpreis, der mindestens die Vollkosten deckt, eine Beihilfe sowohl zugunsten des Wirtschaftsunternehmens als auch zugunsten der Hochschule verhindert werden.

Zum Ansatz von Gemeinkosten zur Kalkulation der Vollkosten

Zu den Gemeinkosten bzw. Overheadkosten zählen insbesondere die Kosten der Verwaltung, der zentralen Einrichtungen und der Räumlichkeiten. In diesem Zusammenhang fallen auch die Abschreibungen der Anlagegüter, die nicht einem konkreten Projekt eindeutig zugeordnet werden können.

Die Verteilung der Gemeinkosten zu den einzelnen Projekten erfolgt mithilfe eines Gemeinkostenzuschlagsatzes. Bei der Ermittlung dieses Gemeinkostenzuschlagsatzes ergeben sich für die Hochschule gewisse Ermessensspielräume hinsichtlich der zu wählenden Bezugsgröße und der Frage, auf welcher Ebene die Gemeinkostenzuschlagsätze gebildet werden. Die Auswertung der Fragebögen ergab, dass der überwiegende Teil der brandenburgischen Hochschulen einen einheitlichen Overheadkostensatz für Forschungsleistungen und Weiterbildung anwendet. Dies sollte durch jede Hochschule überprüft werden, weil die Anwendung eines einheitlichen Kostensatzes zu einer Verteuerung der Weiterbildungsangebote führen dürfte. Grund dafür ist, dass die Angebote in der Regel nur geringe Gemeinkosten erfordern. Beispielsweise entfallen Kosten für Infrastruktur nur mit geringen Anteilen auf die Weiterbildung. Steuerberater Horst Rambau, ein Experte in der Zusammenarbeit mit Hochschulen, wies die OECD darauf hin, dass aus seiner Erfahrung einen Overheadkostensatz in Höhe von 25% als realistisch einzuschätzen ist.

Schritt 4: Dokumentation

Für mögliche beihilfenrechtliche Verwaltungsverfahren müssen hochschulintern alle wesentlichen Entscheidungsschritte und Begründungen umfassend dokumentiert werden. Dies gilt vor allem für die Einstufung von Weiterbildungsangeboten als nichtwirtschaftliche oder wirtschaftliche Tätigkeiten, aber auch für die Preiskalkulation sowie die Inanspruchnahme von Ausnahmen und Rechtfertigungsmöglichkeiten.

Entwicklung einer Richtlinie des Landes Brandenburg

Der Bericht zeigt, dass grundsätzlich das Weiterbildungsangebot der Hochschulen beihilfefrei staatlich finanziert werden oder EU-beihilferechtlich zulässig sein kann. Die Schwierigkeiten ergeben sich daraus, dass die Anwendung des EU-Beihilferechts auf staatlich finanzierte Weiterbildungsangebote in den Einzelheiten in vielerlei Hinsicht unklar ist. Von den EU-Organen hier vollständige Klärung in wenigstens mittlerer Frist zu erwarten, erscheint unrealistisch und die Hochschulen sind hinsichtlich einer rechtssicheren Einordnung ihrer Weiterbildungsangebote überfordert. In dieser Lage könnte das Land Brandenburg mittels einer Richtlinie klarstellen, wann die Hochschulen staatliche Finanzierung nutzen dürfen, um Weiterbildung anzubieten.

Angesichts der vielfältigen Erscheinungsformen wissenschaftlicher Weiterbildung kann der Inhalt einer Richtlinie hier nur skizziert werden. Grundsätzlich kann es sich anbieten, die Richtlinie so zu gestalten, dass erstens die Nutzung staatlicher Finanzierung für nichtwirtschaftliche Weiterbildung freigestellt wird und zweitens erläutert wird, unter welchen Voraussetzungen ausnahmsweise staatliche Finanzierung auch für wirtschaftliche Weiterbildung genutzt werden kann (siehe Kriterien 1 und 2 unten).

Zusätzlich sollte die Richtlinie Vorgaben enthalten, in welchen Fällen Bescheide erstellt werden oder wann die Anzeige durch eine Hochschule ausreicht.

Kriterium 1: Nichtwirtschaftlichkeit der Weiterbildung

Zunächst könnte die Richtlinie klarstellen, dass Weiterbildungsangebote unter Nutzung staatlich finanzierter Infrastruktur und/oder staatlich finanzierten Personals offeriert werden können, wenn das Weiterbildungsangebot den Beihilfetatbestand nicht erfüllt. Das Land Brandenburg könnte auf Grundlage der gutachterlich aufgezeigten Rechtsprechung und Kommissionspraxis dies an der Erfüllung der folgenden zwei Kriterien festmachen:

- Das Weiterbildungsangebot ist in das staatliche Hochschulsystem eingebunden (dazu unten);
- Studienentgelte decken die Vollkosten des Weiterbildungsangebots zu maximal 49,9%;
- Fehlende Konkurrenz.

Grundsätzlich ist auch eine differenziertere Ausgestaltung möglich. Je differenzierter die Ausgestaltung wird, als desto schwieriger wird sich jedoch die Notifizierung erweisen.

Einbettung ins staatliche Hochschulsystem

Die Einbettung in das jeweilige staatliche Bildungssystem ist ein Kriterium, das insbesondere durch die EK verwendet wird. Auch der KMK-Leitfaden bedient sich dieses Kriteriums.

Hierbei maßgeblich sind Formulierungen, dass das zu fördernde Weiterbildungsangebot der Erfüllung eines staatlichen Weiterbildungsauftrags durch staatliche Einrichtungen dient, die staatlicher Anerkennung unterliegen und staatlicher Aufsicht unterstehen. Hinzuweisen ist gegebenenfalls noch darauf, dass staatliche Abschlüsse verliehen werden (zum Beispiel Master-Abschlüsse) und auch bei der Zusammenarbeit mit außerhochschulischen Einrichtungen in Brandenburg die Hochschulen für Inhalte und Prüfungen verantwortlich bleiben (§ 25 Abs. 4 BbgHG).

Es wird folgende Formulierung vorgeschlagen:

> *„Das zu fördernde Weiterbildungsangebot dient der Erfüllung eines staatlichen Weiterbildungsauftrags durch staatliche Einrichtungen, die staatlicher Anerkennung unterliegen und staatlicher Aufsicht unterstehen."*

Finanzierung

Wie sich aus den Fallbeispielen des KMK-Leitfadens ergibt, stellt ein weiteres wichtiges Kriterium die Finanzierungsstruktur des jeweiligen Weiterbildungsangebots dar. Eine (mindestens) im Wesentlichen staatliche Finanzierung spricht für eine nichtwirtschaftliche Tätigkeit[2] (so zuerst der EuGH in der Sache Wirth), wobei in Ermangelung einer hinreichend klaren Rechtsprechung aber nicht ausgeschlossen ist, dass der wirtschaftliche Charakter auch trotz einer überwiegenden staatlichen Finanzierung gegeben sein kann.

Um eine Beihilfenrelevanz rechtssicher auszuschließen kann daher eine „wesentliche“ staatliche Förderung für das Weiterbildungsangebot festgelegt werden. Weder der EuGH noch die EK geben vor, von welchem staatlichen Finanzierungsanteil an von einer im Wesentlichen staatlichen Finanzierung gesprochen werden kann. In der Literatur zur Weiterbildung wird vertreten, dass eine staatliche Finanzierungsquote von über 50 % der Vollkosten für einen bestimmten Kurs als „wesentlich“ im Sinne der EuGH-Rechtsprechung anzusehen sei (Marwedel, 2014[10])[3]. Dies deckt sich auch mit dem KMK-Leitfaden.

Es wird daher folgende Formulierung vorgeschlagen:

> *„Es werden mindestens 50,1 % der zuwendungsfähigen Vollkosten des zu fördernden Weiterbildungsangebots zugewendet.“*

Kriterium 2: Ausnahmen vom Beihilfeverbot

Die Richtlinie könnte im zweiten Schritt konkretisieren, unter welchen Voraussetzungen staatliche Finanzierung auch für ein Weiterbildungsangebot genutzt werden kann, dass noch nicht nach den Maßstäben des Kriteriums 1 vom Beihilfeverbot erfasst ist. Auch hier können grundsätzlich alle im Bericht aufgelisteten Ausnahmetatbestände in Anspruch genommen werden. Im Interesse der Einfachheit empfiehlt dieser Bericht auch hier zunächst auf ausgewählte Ausnahmetatbestände zu fokussieren. Als solche erscheinen etwa Ausbildungsbeihilfen, DAWI-Beihilfen, De-Minimis Beihilfen und die Nutzung der 20% Klausel denkbar.

Ausbildungsbeihilfen

Als EU-beihilferechtskonform können in der Richtlinie einschlägige freigestellte Beihilfen nach der AGVO genannt werden. Entsprechend Art. 31 AGVO kann beispielsweise die Zuwendung als freigestellte Ausbildungsbeihilfe gewährt werden. Dies kann in der Richtlinie aufgenommen werden:

> *„Unter den Voraussetzungen des Art. 31 kann die die Zuwendung als freigestellte Ausbildungsbeihilfe gewährt werden. Von der Förderung ausgeschlossen sind Maßnahmen, die gemäß Artikel 31 Absatz 2 der AGVO den Unternehmen zur Einhaltung verbindlicher Ausbildungsnormen dienen.“*

DAWI-Regelung

Weiterbildungsmaßnahmen, die sich nach Kriterium 1 als wirtschaftlich erweisen, dürfen im Einzelfall teilweise staatlich finanziert werden, wenn sie als DAWI einzustufen sind. Zuwendungsfähig sind dann aber nur die durch die Bereitstellung des Weiterbildungsangebots entstehenden Mehrkosten für die Hochschule. Eine DAWI könnte etwa dadurch begründet werden, dass durch das Weiterbildungsangebot die Ausbildungskapazität im Land Brandenburg erhöht werden soll.

Hierzu könnte sich folgende Formulierung in der Richtlinie finden:

> *„Weiterbildungsmaßnahmen, die nicht nach den vorgenannten Regelungen finanziert werden können, dürfen im Einzelfall teilweise staatlich finanziert werden, wenn die betreffende Hochschule mit der Durchführung der Weiterbildungsmaßnahme als „Dienstleistung von allgemeinen wirtschaftlichen Interesse“(DAWI) betraut ist.*
>
> *Die Erbringung einer DAWI setzt voraus, dass der Antragsteller mit der Erbringung von Dienstleistungen von allgemeinem wirtschaftlichem Interesse schriftlich betraut ist und das Weiterbildungsangebot für diese Dienstleistungen von allgemeinem wirtschaftlichem Interesse eingesetzt werden. Beihilfefrei ist dann der Ausgleich defizitärer Kosten der Hochschule, der durch die Bereitstellung des jeweiligen Weiterbildungsangebots erfolgt.“*

De-minimis-Verordnung

Zudem sollte die Richtlinie auch eine Formulierung zur Möglichkeit einer Finanzierung nach der De-minimis-VO enthalten.

Hierzu wird folgender Vorschlag gemacht:

> *„Eine Förderung ohne die genannten Verpflichtungen ist auf Grundlage der De-minimis-VO möglich. Dies setzt voraus, dass die Summe der Zuwendungen in einem Zeitraum von drei Steuerjahren einen Betrag in Höhe von insgesamt 200.000 Euro nicht übersteigt.“*

Sonstige Weiterbildungsmaßnahmen: Die 20%-Klausel

Grundsätzlich EU-beihilferechtlich zulässig sind Förderungen von Weiterbildungsmaßnahmen überdies dann, soweit die bestehende Infrastruktur und der Personalkörper nur zu 20% ihrer Verfügbarkeit eingesetzt wird. Daher empfiehlt sich, hierzu in der Richtlinie eine Formulierung zur Klarstellung aufzunehmen. Hierzu folgender Vorschlag in Anlehnung an den Wortlaut der 20 %-Klausel:

> *„Eine Förderung ohne die genannten Einschränkungen ist entsprechend der Ziffer 20 des FuE-Rahmens möglich, wenn für das als wirtschaftliche Tätigkeit eingeordnete Weiterbildungsangebot dieselben Inputs (wie Material, Ausrüstung, Personal und Anlagekapital) eingesetzt werden, wie für die nichtwirtschaftlichen Tätigkeiten der Hochschule und wenn die für die betreffende wirtschaftliche Tätigkeit jährlich zugewiesene Kapazität nicht mehr als 20 % der jährlichen Gesamtkapazität der betreffenden Einrichtung bzw. Infrastruktur beträgt.“*

Grundsätzlich wäre hier denkbar, in die Richtlinie eine praxistaugliche Konkretisierung dieser abstrakten Regelung aufzunehmen und ein entsprechendes Verständnis der Klausel zum Gegenstand der Notifizierung zu machen.

Pränotifizierung, Notifizierung und Anmeldung der Richtlinie bei der Europäischen Kommission (EK)

Um größtmögliche Rechtssicherheit für eine neu aufzusetzende Richtlinie des Landes Brandenburg zu erreichen, sollte diese Richtlinie bei der EK pränotifiziert, notifiziert oder angemeldet werden.

Aus Art. 108 Abs. 3 AEUV ergibt sich, dass eine Notifizierungspflicht nur für solche Maßnahmen besteht, die sämtliche Tatbestandsmerkmale von Art. 107 Abs. 1 AEUV erfüllen und somit eine grundsätzlich verbotene Beihilfe darstellen (Callies/Ruffert, 2016[11]). Wenn die EK jedoch im Notifizierungsverfahren die Beihilfe für mit dem Gemeinsamen Markt vereinbar erklärt, ist die Beihilfe als gerechtfertigt anzusehen.

Angesichts der schwerwiegenden Rechtsfolgen bei Beihilfen, die ohne notwendige Notifizierung durchgeführt werden, kann es im Einzelfall sinnvoll sein, eine beabsichtigte Maßnahme als „Nicht-Beihilfe“ anzumelden. Die Anmeldung erfolgt dabei mit demselben Standardformular wie die Anmeldung als Beihilfe. Das Standardformular sieht ausdrücklich auch die Anmeldung als Nicht-Beihilfe als Option vor (EC, 2004[12]). Eine Anmeldung als Nicht-Beihilfe wird vor allem für solche Maßnahmen in Frage kommen, bei denen der Beihilfecharakter schwierig festzustellen ist, beispielsweise dann, wenn es um umfangreiche ökonomische Betrachtungen im Rahmen einer EU-beihilfenrechtskonformen Preisgestaltung geht. In der Praxis legt die EK häufig nahe, die Anmeldung als Nicht-Beihilfe zurückzunehmen, wenn sie nach vorläufiger Betrachtung in der Maßnahme keine Beihilfe sieht. Dies gibt den betroffenen Unternehmen nur bedingt Rechtssicherheit, sollte aber im Hinblick auf den Vertrauensschutz zumindest vor einer Rückforderung schützen (Bacon, 2017[13]) (EC, 2011[14])[4].

Dabei lassen sich grundsätzlich folgende Verfahrensschritte wie in Kasten 5.1 unterscheiden.

Kasten 5.1. Notifizierungsverfahren für die Richtlinie bei der EK

Der Ablauf eines **Notifizierungsverfahrens** richtet sich nach Art. 108 Abs. 3 AEUV i. V. m. der hierzu erlassenen Verfahrensverordnung (VO 2015/1589 vom 13. Juli 2015, ABl. EU L 248, S. 9, nachfolgend „VVO") (Council of the European Union, 2015[15]).

Im Rahmen einer sogenannten **Pränotifizierung** besteht die Möglichkeit das jeweilige Vorhaben und seine beihilfenrechtliche Würdigung aus Sicht des Mitgliedstaates der EK vorzustellen. Dazu wird üblicherweise ein Gespräch am Sitz der EK in Brüssel mit allen Beteiligten durchgeführt.

Bei der Pränotifizierung handelt es sich um einen informellen Verfahrensschritt, der in der Verfahrensverordnung nicht ausdrücklich vorgesehen ist, aber dem üblichen Vorgehen entspricht. In dieser Phase besteht auch die Gelegenheit, Fragen zum Umfang und zur Ausgestaltung des Notifizierungsantrags anzusprechen und erste Fragen der EK zum Projekt zu diskutieren. Grundlage für ein Gespräch mit der EK sollte ein bereits im Wesentlichen ausgearbeiteter Notifizierungsantrag sein, der im Idealfall aufgrund der Erkenntnisse aus dem Gespräch ohne größeren Aufwand nachjustiert werden kann. Daher sollten bereits im Vorfeld des Gesprächs die erforderlichen ökonomischen und juristischen Analysen und der Notifizierungsantrag (bestehend aus Projektdarstellung und Würdigung) im Entwurf erarbeitet werden.

Der bei Bedarf anhand der Erkenntnisse aus dem Pränotifizierungsgespräch überarbeitete und zwischen den Beteiligten abgestimmte endgültige Notifizierungsantrag wird daraufhin durch den Bund über seine Vertretung in Brüssel bei der EK eingereicht. Mit diesem Schritt beginnt die eigentliche Notifizierung.

Hierfür wird durch die EK ein **vorläufiges Prüfverfahren** (Art. 4 VVO) eingeleitet, indem sie auf Basis der Anmeldung das Vorliegen einer Beihilfe und ggf. die Vereinbarkeit der beabsichtigten Beihilfen mit dem Binnenmarkt (Rechtfertigung) prüft.

Erfahrungsgemäß kommt es im vorläufigen Prüfverfahren zu ein bis zwei Fragerunden der EK (Art. 5 VVO). Hierzu werden Fragenlisten von der EK an die Vertretung der Bundesrepublik bei der EK gesendet, welche diese wiederum über das zuständige Referat auf Bundesebene an die eigentlichen Beteiligten weiterleitet. Die Beantwortung erfolgt in Abstimmung mit dem Bund ebenfalls auf diesem Wege.

Bejaht die EK die Vereinbarkeit, kann sie bereits nach dem vorläufigen Prüfverfahren einen Genehmigungsbeschluss erlassen.

Bestehen ernsthafte Zweifel an der Vereinbarkeit der Beihilfen mit dem Gemeinsamen Markt und werden diese Zweifel auch durch die Fragerunden nicht ausgeräumt, kann sie ein **förmliches Prüfverfahren** (Art. 6 VVO) eröffnen, welches der vertieften Prüfung unter Einbeziehung der Auffassungen Dritter dient.

Die EK veröffentlicht dazu im EU-Amtsblatt den Eröffnungsbeschluss, der auch ihre vorläufige Einschätzung beinhaltet, und fordert andere EU-Mitgliedstaaten sowie Wettbewerber des Beihilfenempfängers auf, zum Verfahren Stellung zu nehmen. Die EK kann ebenfalls weitere Fragen an den Mitgliedstaat richten und diesen zur Vorlage ergänzender Informationen auffordern. Am Ende des förmlichen Prüfverfahrens steht entweder ein – ggf. mit Auflagen versehener – **Genehmigungsbeschluss oder ein Beschluss**, mit dem die Unvereinbarkeit der geplanten Beihilfe mit dem Gemeinsamen Markt festgestellt wird.

Die Dauer des Notifizierungsverfahrens ist überschaubar. Grundsätzlich ist mit einer ersten Rückmeldung der EK nach zwei Monaten zu rechnen (vgl. Art. 4 Abs. 5 VVO). Die Höchstdauer der

Notifizierungsverfahren soll gemäß Art. 9 Abs. 6 VVO regelmäßig 18 Monate nicht überschreiten. Eine Dauer von sechs Monaten erscheint realistisch.

Quellen: Callies/Ruffert (ed.) (2016[11]), *TEU/TFEU, 5. Auflage 2016*; Council of the European Union (2015[15]), Verordnung (EU) 2015/1589 des Rates vom 13. Juli 2015 über besondere Vorschriften für die Anwendung von Artikel 108 des Vertrags über die Arbeitsweise der Europäischen Union (Text von Bedeutung für den EWR), OJ L 248, 24.9.2015, p. 9.

Quellennachweise

Bacon (2017), *European Union Law of State Aid*, Oxford University Press. [13]

BMAS (2020), *Nationale Weiterbildungsstrategie*, https://www.bmas.de/DE/Arbeit/Aus-und-Weiterbildung/Weiterbildung/Nationale-Weiterbildungsstrategie/nationale-weiterbildungsstrategie.html. [1]

Callies/Ruffert (ed.) (2016), *TEU/TFEU, 5. Auflage 2016*. [11]

Council of the European Union (2015), *Verordnung (EU) 2015/1589 des Rates vom 13. Juli 2015 über besondere Vorschriften für die Anwendung von Artikel 108 des Vertrags über die Arbeitsweise der Europäischen Union*. [15]

EC (2021), *Review of the Communication on the Framework for State aid for research and development and innovation*, https://ec.europa.eu/competition-policy/public-consultations/2021-rdi_en. [5]

EC (2013), *Commission Regulation (EU) No 1407/2013 of 18.12.2013 on the application of Articles 107 and 108 of the Treaty on the Functioning of the European Union to de minimis aid*. [6]

EC (2013), *Guide to the application of the European Union rules on state aid, public procurement and the internal market to services of general economic interest, and in particular to social services of general interest, of 29.04.2013, SWD(2013) 53 final/2*. [9]

EC (2012), *Commission Decision of 20 December 2011, 2012/21/EU*. [7]

EC (2012), *Communication from the Commission — European Union framework for State aid in the form of public service compensation (2011) Text with EEA relevance*. [8]

EC (2011), *Commission Decision 2011/5/EC, OJ 2011 L7/48*. [14]

EC (2004), *Commission Regulation (EC) No. 794/2004 of 21 April 2004 implementing Council Regulation (EC) No. 659/1999 laying down detailed rules for the application of Article 93 of the EC Treaty*. [12]

KMK (2017), *Leitfaden zur Unterscheidung wirtschaftlicher und nichtwirtschaftlicher Tätigkeit von Hochschulen*, https://www.kmk.org/fileadmin/Dateien/veroeffentlichungen_beschluesse/2017/2017_09_22-Leitfaden-Wirt-. [4]

Marwedel (2014), *Rechtsgutachten zu Vorgaben für die Preisgestaltung der wissenschaftlichen Weiterbildung an der Universität Freiburg unter besonderer Berücksichtigung des europäischen Beihilferechts*. [10]

Nedelkoska, L. and G. Quintini (2018), "Automation, skills use and training", *OECD Social, Employment and Migration Working Papers*, No. 202, OECD Publishing, Paris, https://dx.doi.org/10.1787/2e2f4eea-en. [2]

OECD (2021), *Continuing Education and Training in Germany*, Getting Skills Right, OECD Publishing, Paris, https://dx.doi.org/10.1787/1f552468-en. [3]

Endnoten

[1] Die EK hat nur begrenzten Spielraum in dieser Frage. Die endgültige Klarstellung liegt letztendlich bei den Unionsgerichten.

[2] EuGH Entscheidung in der Sache Wirth – siehe Kasten 3.1 in Kapitel 3.

[3] Marwedel, Rechtsgutachten zu Vorgaben für die Preisgestaltung der wissenschaftlichen Weiterbildung an der Universität Freiburg unter besonderer Berücksichtigung des europäischen Beihilferechts, 2014, S. 27.

[4] Vgl. dazu Bacon, European Union Law of State Aid, 3. Aufl. 2017, 18.132–18.134 mwN; auch Kom. Entscheidung 2011/5 EC, ABl. 2011 L7/48, Rn. 164 f.

Anhang A. Kostenrechnungsansätze

Hintergrund

In Kapitel 3 wurde die Tatsache erörtert, dass eine Hochschule, die eine wirtschaftliche Tätigkeit ausübt, für die Nutzung ihrer Infrastruktur und ihres Personals bei der Durchführung dieser Tätigkeit ein marktangemessenes Entgelt erheben muss.

Ein marktgangemessenes Entgelt ist ein Entgelt, das ausreicht, um alle Kosten der Tätigkeit zu decken, so dass eine Subventionierung durch staatliche Mittel ausgeschlossen ist. Das bedeutet, dass das Entgelt die Betriebskosten, die Kapitalkosten, eine Eigenkapitalrendite und einen angemessenen Gewinnaufschlag oder eine Gewinnspanne abdecken muss.

In Kapitel 3 wurde erörtert, dass die Entgelte zwischen verschiedenen Dienstleistungen (z. B. verschiedenen Weiterbildungsprogrammen) differenziert werden können, oder die Hochschule kann sich dafür entscheiden, alle Weiterbildungsprogramme zu einem Pauschaltarif anzubieten.

In diesem Anhang werden die Ansätze dargelegt, die eine Hochschule anwenden könnte, um sicherzustellen, dass sie die Anforderung der Vermeidung von Quersubventionen erfüllt und dass die Wirtschaftstätigkeit auf dem Markt nicht "begünstigt" wird und somit das Funktionieren des Marktes nicht verzerrt und den Handel nicht beeinträchtigt.

Zulässigkeit des Ansatzes „vom Ende her“

In der Praxis werden mögliche Pauschalen „*vom Ende her*“ berechnet. Dieses Vorgehen erscheint mit guten Gründen vertretbar. Der Ansatz, „vom Ende her“ zu berechnen, bedeutet vereinfacht: Ein Unternehmen berechnet die Projektkosten und rechnet diese inklusive beispielweise einer 8 %-Pauschale gegenüber dem Kunden ab. Dann wird anschließend die Pauschale an die Hochschule abgeführt. Die Hochschule hat damit keine Möglichkeit der „Vorsteuerung“, also keine Möglichkeit, im Voraus die Richtigkeit der Kalkulation zu prüfen und erforderlichenfalls die Pauschale zu erhöhen. Erst im Nachgang zu den (durchgeführten und abgerechneten) Projekten erhält die Hochschule dann von diesen Kenntnis.

Die Problematik erinnert insoweit an die Bestimmung der sogenannten Verrechnungspreise zwischen einer Mutter- und Tochtergesellschaft, bei der die Muttergesellschaft Leistungen an die Tochter erbringt (hier in diesem Beispielsfall: Bereitstellung von Infrastruktur) und dann die Tochter, darauf aufsetzend, am Ende ein fertiges Produkt bzw. eine Dienstleistung erbringt (hier: die Hochschule). Hier stellt sich insbesondere aus steuerrechtlicher Sicht die Frage nach den korrekten Verrechnungspreisen.

In Deutschland hat der Gesetzgeber im Rahmen der Unternehmenssteuerreform 2008 festgelegt, dass bei Vorliegen uneingeschränkt vergleichbarer Fremdvergleichswerte eine Bestimmung des angemessenen Verrechnungspreises vorrangig nach den sogenannten geschäftsfallbezogenen Standardmethoden zu erfolgen hat (§ 1 Abs. 3 Satz 1 des Gesetzes über die Besteuerung von Auslandsbeziehungen (im Folgenden: AStG)). Diese Standardmethoden sind

- die Preisvergleichsmethode;
- die Wiederverkaufspreismethode sowie;
- die Kostenaufschlagsmethode.

Nun haben diese steuerrechtlich geprägten Methoden grundsätzlich keine Relevanz für das EU- Beihilferecht. Gleichwohl: Wenn sie sich in Deutschland, und sei es auch aus steuerlichen Gründen, in der betriebswirtschaftlichen Praxis durchgesetzt haben, so wird bei der betriebswirtschaftlichen Prägung des EU-Beihilferechts auch diese Praxis eine Rolle spielen.

- Die **Preisvergleichsmethode** – auch Comparable Uncontrolled Price Method (CUP) genannt – stellt nach h.M. – aufgrund der vorhandenen Unmittelbarkeit der Feststellung des Vergleichspreises – die Grundmethode zur Bestimmung angemessener Verrechnungspreise dar. Sie vergleicht den bei Geschäften zwischen sich nahestehenden Personen vereinbarten Preis mit dem Preis, der bei vergleichbaren Geschäften zwischen unabhängigen Dritten oder zwischen nahestehenden Personen und einem fremden Dritten vereinbart wurde, die nicht durch gesellschafts- oder gesellschafterbezogene Dispositionen beeinflusst werden können (Vögele/Raab, 2015[1]))[1]. Die Bestimmung des angemessenen Verrechnungspreises erfolgt, in anderen Worten, anhand vergleichbarer Geschäfte zwischen einem Leistungserbringer und einem Leistungsempfänger, die nicht Mitglieder desselben Unternehmensverbundes sind. Voraussetzung für die Anwendung der Preisvergleichsmethode ist die uneingeschränkte oder zumindest eingeschränkte Vergleichbarkeit der Preise des in Rede stehenden Geschäfts und des Vergleichsgeschäfts.
- Im Rahmen der **Kostenaufschlagsmethode** – auch Cost Plus Method (CPM) genannt – wird der angemessene Verrechnungspreis in einem zweistufigen Prozess – in Umkehrung der Wiederverkaufspreismethode – auf progressivem Weg ermittelt. Basierend auf der Unterstellung, dass die Herstellungskosten eines Produktes oder einer Dienstleistung deren inneren Tauschwert repräsentieren, bilden die Selbstkosten der liefernden oder leistenden Person die Ausgangsbasis der Kostenaufschlagsmethode, die anschließend um einen angemessenen Gewinnaufschlag zu erhöhen ist (Vögele/Raab, 2015[1])[2]. Die Kostenaufschlagsmethode beruht auf der Überlegung, dass ein marktwirtschaftlich geführtes Unternehmen langfristig nur funktionsfähig sein kann, wenn die Vollkosten, d. h. sowohl die variablen als auch die fixen Kosten, gedeckt und ein bestimmter Mindestgewinn erzielt werden. Dieses Prinzip liegt auch den vorgenannten Normen des EU-Beihilferechts zugrunde.
- Den Ausgangspunkt der **Wiederverkaufspreismethode** oder Resale Price Method (RPM) stellt der Absatzpreis dar, zu dem ein Unternehmen Waren, die es von einer anderen verbundenen Konzerngesellschaft erworben hat, an unabhängige Abnehmer weiterveräußert. Ausgangspunkt der Wiederverkaufspreismethode ist folglich der Preis, den das wiederveräußernde Unternehmen am Markt erzielt. Der Absatzpreis wird um eine marktübliche Handelsspanne (Marge) gekürzt, deren Höhe nach den folgenden drei Komponenten bestimmt wird: i) die dem Wiederverkäufer entstandenen Kosten, ii) die Funktionen und Risiken, die der Wiederverkäufer innerhalb der Liefer- oder Leistungsbeziehung zu der nahestehenden Person übernimmt, sowie iii) ein angemessener Gewinnaufschlag des Wiederverkäufers.

Das letzte - auch in Deutschland anerkannte - Prinzip denkt daher „vom Ende her“, sodass der Ansatz jedenfalls nicht völlig ohne betriebswirtschaftliche Grundlage ist. Da das EU-Beihilferecht ebenfalls vom Ende her denkt – wurde ein Marktbereich berechnet oder wurden verursachungsgerecht Vollkosten plus Gewinn berechnet? –, erscheint der grundsätzliche Ansatz der Berechnungsmethode nicht fernliegend.

Prüfung nach den EU-beihilferechtlichen Grundsätzen der Trennungsrechnung

Wenn damit die Nutzung einer Pauschale vom Ansatz her zwar nicht unzulässig ist, so ist damit allerdings noch nicht zum Ausdruck gebracht, dass die konkrete im Einzelfall verwendete Pauschale oder die Grundlagen ihrer Berechnung angemessen sind. Dies ist vielmehr im Einzelfall zu überprüfen.

Insoweit werden auf der Ebene der Hochschule alle Beteiligten das Prinzip einer ordnungsgemäßen Trennungsrechnung beachten müssen. Wesentliche Elemente der Trennungsrechnung sind eine korrekte Vollkostenrechnung und eine korrekte Kostenzuordnung. Sofern bei wirtschaftlichen Tätigkeiten der Hochschule kein Marktpreis bekannt ist, kommt der Angebotskalkulation zu Gesamtkosten mit Gewinnaufschlag Bedeutung zu. Zur Berücksichtigung sämtlicher Kosten (Gesamtkosten) bietet sich als Kostenrechnungssystem die Vollkostenrechnung an. Diese besteht aus den folgenden drei Teilsystemen:

- **Kostenartenrechnung**: Welche Kosten sind entstanden?
- **Kostenstellenrechnung**: Wo sind die Kosten entstanden? Die Struktur der Kostenstellenrechnung orientiert sich an den Organisationseinheiten der Hochschule (Fachbereiche, Einrichtungen, etc.).
- **Kostenträgerrechnung**: Wofür sind die Kosten entstanden? Als Kostenträger sind die einzelnen Projekte und Aufträge zu erfassen.

Anerkannt ist in der Hochschulpraxis, insbesondere auch in den Prüfungen von Wirtschaftsprüfern, dass sich eine Kalkulation in mehreren Schritten vollziehen muss. Hierzu im Einzelnen:

Vorkalkulation

Wer wirtschaftliche Tätigkeiten ausübt, muss diese grundsätzlich vorkalkulieren. Das ist schon ein Erfordernis im Sinne von Rn. 25 des FuE-Rahmens, der bei Forschungsdienstleistungen – und in entsprechender Anwendung auch bei anderen wirtschaftlichen Tätigkeiten der Hochschule – von einer Kalkulation der Hochschule ex ante (und nicht ex post, also erst nach Durchführung des Projekts) ausgeht.

Die generelle Vorkalkulation im Rahmen der Trennungsrechnung umfasst grundsätzlich direkte und indirekte Kosten, d.h. nach allgemeinen Grundsätzen werden die direkt einem zu erwartenden Projekt zuzurechnenden Kosten erfasst und mit dem hochschulintern ermittelten internen Gemeinkostenzuschlag berechnet. Hieraus ergibt sich dann ein Gesamtpreis, der – mit einem Gewinnaufschlag – der Kalkulation zugrunde gelegt wird.

Nachkalkulation

Im Rahmen der Nachkalkulation werden die tatsächlich angefallenen **Ist-Kosten** und **Ist-Erlöse** einander gegenübergestellt. Bei der Ermittlung der Ist-Kosten ist zu beachten, dass die darin berücksichtigten Gemeinkosten nicht mit den Gemeinkostenzuschlagsätzen der Vorkalkulation, sondern auf Basis der aktualisierten Ist-Kosten verrechnet werden.

Entscheidend ist, dass der Hochschule eine Nachkalkulation möglich ist. Hierfür wird von der Hochschule ggf. auch vom kooperierenden jeweiligen Unternehmen eine Aufstellung benötigt, aus der heraus es der Hochschule möglich ist, zu prüfen, ob die Kostenansätze im jeweiligen Jahr retrospektiv korrekt waren und damit für die Zukunft eine Anpassung möglich wird. Das ist auch deswegen besonders entscheidend, weil eine solche Nachkalkulation wiederum eine Rückwirkung auf die Vorkalkulation hat: Stellt sich heraus, dass die Kostenansätze nicht mehr angemessen sind, beispielsweise, weil die Inanspruchnahme von Ressourcen durch die Hochschule sich im Jahr grundlegend anders entwickelt als kalkuliert und sich deutlich intensiver entwickelt hat, dann muss die Hochschule aus den dargestellten EU-beihilferechtlichen Gesichtspunkten auch ihre Kalkulation für die Zukunft im Wege der periodischen Vorkalkulation anpassen.

Quellennachweise

Vögele/Borstell/Engeler (ed.) (2015), *Verrechnungspreise, 4. Auflage*. [1]

Endnoten

[1] Vögele/Raab in: Vögele/Borstell/Engeler, Verrechnungspreise, 4. Auflage 2015, Kapitel D. Rn. 50 ff.

[2] Vögele/Raab in: Vögele/Borstell/Engeler, Verrechnungspreise, 4. Auflage 2015, Kapitel D. Rn 250 ff.

www.ingramcontent.com/pod-product-compliance
Lightning Source LLC
LaVergne TN
LVHW081415110826
845149LV00010B/1754

* 9 7 8 9 2 6 4 5 2 8 1 1 6 *